Metafísica da natureza

FUNDAÇÃO EDITORA DA UNESP

Presidente do Conselho Curador
Mário Sérgio Vasconcelos

Diretor-Presidente / Publisher
Jézio Hernani Bomfim Gutierre

Superintendente Administrativo e Financeiro
William de Souza Agostinho

Conselho Editorial Acadêmico
Divino José da Silva
Luís Antônio Francisco de Souza
Marcelo dos Santos Pereira
Patricia Porchat Pereira da Silva Knudsen
Paulo Celso Moura
Ricardo D'Elia Matheus
Sandra Aparecida Ferreira
Tatiana Noronha de Souza
Trajano Sardenberg
Valéria dos Santos Guimarães

Editores-Adjuntos
Anderson Nobara
Leandro Rodrigues

ARTHUR SCHOPENHAUER

Metafísica da natureza

Tradução, apresentação, notas e índice

Jair Barboza

© 2023 Editora Unesp

Título original: *Metaphysik der Natur*

Direitos de publicação reservados à:

Fundação Editora da Unesp (FEU)
Praça da Sé, 108
01001-900 – São Paulo – SP
Tel.: (0xx11) 3242-7171
Fax: (0xx11) 3242-7172
www.editoraunesp.com.br
www.livrariaunesp.com.br
atendimento.editora@unesp.br

Dados Internacionais de Catalogação na Publicação (CIP) de acordo com ISBD
Elaborado por Vagner Rodolfo da Silva – CRB-8/9410

S373m
Schopenhauer, Arthur
    Metafísica da natureza / Arthur Schopenhauer; traduzido por Jair Barboza. – São Paulo: Editora Unesp, 2023.

    Tradução de: *Metaphysik der Natur*
    ISBN: 978-65-5711-188-8

    1. Filosofia alemã. 2. Arthur Schopenhauer. I. Barboza, Jair. II. Título.

2023-1363   CDD 193
                                                        CDU 1(43)

Editora afiliada:

Sumário

Apresentação – *Metafísica da natureza*: vontade, aparência
e fenômeno . 7
Jair Barboza

Metafísica da natureza

1 Sobre o conceito de metafísica . *17*

2 O problema da metafísica (e sua relação com o
problema de outras ciências) . *25*

3 Solução do problema através da demonstração
preliminar da identidade do corpo com a vontade . *37*

4 Problema da essência em si dos objetos dados
meramente na intuição do entendimento,
e solução preliminar . *51*

5 Demonstração detalhada da identidade do corpo
com a vontade . *59*

6 Aplicação dessa intelecção a toda a natureza
com vistas ao conhecimento da essência em si
de qualquer aparência . *77*

7 Determinação do conceito de vontade em
seu uso como conceito fundamental da metafísica . *81*

8 Consideração da vontade como coisa em si
e das *características metafísicas* que lhe são inerentes
(unidade, sem fundamento, desprovida
de conhecimento) . *87*

9 Consideração da aparência da vontade
como independente do conhecimento,
e a esse respeito demonstração da aparência
da vontade em sequência descendente de graus
por toda a natureza . *93*

10 Referência da coisa em si à sua aparência, ou
referência do mundo como vontade ao mundo como
representação . *127*

11 Os graus de objetivação da vontade . *149*

12 Escalonamento da objetivação da vontade em linha
ascendente . *153*

13 Consideração sobre a vontade em referência
à gradação e à pluralidade de suas aparências . *203*

14 Teleologia da natureza . *207*

15 Elucidações finais . *229*

Índice de assuntos . *237*

Apresentação
Metafísica da natureza:
vontade, aparência e fenômeno

Jair Barboza

Na *Metafísica da natureza*, do Boddhishatva de Frankfurt, que ora disponibilizo ao público de língua portuguesa e que faz parte do conjunto de suas preleções lidas em Berlim no ano de 1820, trata-se de uma cosmologia, que precede sua estética ou, como ele prefere, *Metafísica do belo*.[1]

Schopenhauer trabalha, nestas preleções, com uma motivação similar à dos filósofos pré-platônicos, vale dizer, o empenho por apreender os elementos constitutivos da natureza, não por mitos, mas no estofo da própria natureza. Dessa perspectiva, sua metafísica da natureza postula uma atividade originária e imemorial, *Tätigkeit*, que instituiu e atravessa o cosmo. Quem investiga o cosmo pode, no entanto, através de uma especial intelecção na subjetividade, reconhecer que o próprio ín-

---

1 Há em verdade um conjunto de quatro preleções do autor, nomeadamente: 1. "Teoria de toda representação, pensamento e cognição"; 2. "Metafísica da natureza"; 3. "Metafísica do belo"; 4. "Metafísica dos costumes", quadripartição esta que espelha tematicamente os quatro livros da obra magna do filósofo, *O mundo como vontade e como representação* (São Paulo: Ed. Unesp, 2 tomos, trad. Jair Barboza).

timo consiste nessa atividade, a qual, no corpo do investigador, se manifesta em diversos sentimentos. O investigador, nesse sentido, não é uma cabeça alada de anjo, *geflügelter Engelskopf*, mas possui uma individualidade, cuja atividade interior é a mesma do cosmo e que Schopenhauer denomina Vontade de vida, *Wille zum Leben*.

De acordo com o autor, todo *ato da vontade* é ao mesmo tempo *ação do corpo*. Os dois são uma única e mesma coisa — não havendo relação causal entre eles —, apenas dados de duas maneiras diferentes: uma, imediatamente, o ato; outra, mediatamente, a ação intuída pelo entendimento. Por sua vez, qualquer ação sobre o corpo provoca um abalo da vontade que, se desagradável, denomina-se dor e, se agradável, prazer. Dessa forma, introduz-se na metafísica da natureza schopenhaueriana a nuclear noção de objetidade da vontade, *Objektität des Willens*, ou seja: o corpo é concretude do querer. Em outras palavras, o corpo é minha representação no cérebro, mas também é minha vontade. É a assim chamada verdade filosófica por excelência, ou seja, "a referência de um juízo à relação que uma representação intuitiva, o corpo, tem com aquilo que absolutamente não é *representação*, mas algo *toto genere* diferente desta, *vontade*".

A vontade do investigador, que é descoberta como o núcleo de seu ser, pode, em seguida, ser por ele transposta analogicamente para toda a natureza através de uma especial introspecção da causalidade que atua em seu corpo. De fato, prossegue Schopenhauer, cada movimento de nosso corpo animal se dá por motivo, *Motiv*; por sua vez, cada movimento de um ser inorgânico se dá por causa em sentido estrito, *Ursache*; e cada movimento de um vegetal se dá por estímulo, *Reiz*. Porém, em todos esses casos, tem-se o mesmo princípio da causalidade movente, *Kausalität*. Logo, se o investigador da natureza, em sua introspecção, compreende a causalidade de seu próprio corpo, através das ações deste, compreende ao mesmo tempo a natureza da causalidade em geral que movimenta todos os corpos, orgânicos ou inorgânicos, isto é, apreende o imo do mundo, sua atividade essencial – precisamente a vontade.

Assim, essa metafísica da natureza apresenta sua decifração do enigma do mundo não por deduções a partir de conceitos, mas pela sensibilidade e pelos sentimentos. Com isso, a noção de corpo eclode pela primeira vez na filosofia ocidental como um operador epistêmico angular que abre horizontes filosóficos para, dentre outros, o fisiologismo de Nietzsche, a teoria dos impulsos de Freud, a psicologia do inconsciente de Jung, pensadores estes que se movimentam no horizonte do inconsciente cego e volitivo indicado por Schopenhauer, já que a apontada vontade como essência do cosmo é puro ímpeto cego, *blinder Drang*, raiz de todos os sentimentos e de todas as emoções, fundo abissal do ser humano (e dos demais seres), que assim não é mais senhor em sua própria casa, pois, em vez agir de maneira psiquicamente autônoma através da faculdade de razão, ao contrário, é algo outro, volitivo, de dentro de si, que detém o poder de suas decisões e movimentos.

Vontade cega e inconsciente que gradativamente adquire clara visão ao emergir de sua inconsciência, objetivando-se em diversos reinos naturais, os quais se apresentam como seu reflexo no espelho da representação, vale dizer, como produtos de sua infinda e incansável atividade imemorial. Seres cada vez mais complexos mostram como a vontade é o núcleo ativo do cosmo, que, nessa sua atividade essencial, em se tratando da Terra, se ergue desde a inconsciente massa planetária até a consciência humana.

Temos nessa cosmologia, na verdade, um monismo que procura unir a doutrina de Kant sobre a coisa em si e a de Platão sobre a Ideia. Quer dizer, Schopenhauer interpreta as arquetípicas Ideias platônicas como atos originários da coisa em si, a Vontade, instituídos em graus ascendentes, compreendidos como espécies da natureza, que vão desde o âmbito a-racional à razão humana.

> Tomamos a palavra Ideia em sua significação autêntica, originária, estabelecida por Platão. Eu entendo, pois, sob IDEIA, cada fixo e determinado grau de objetivação da vontade, na medida em que esta é coisa em si, como tal alheia à pluralidade. Esses graus de objetivação relacionam-se com as coisas singulares, com os indivíduos de todo tipo, decerto como suas formas eternas ou seus protótipos.

Tais Ideias são justamente aquilo que possibilitam reflexos no espelho da Vontade que é a natureza diante de nós, e assim permitem que a cosmologia de Schopenhauer opere no polo atemporal da representação. Por sua vez, as Ideias são figuradas limpidamente na arte, que é definida como exposição de Ideias. As obras de arte reproduzem, de maneira adequada, a atividade cosmológica da Vontade, que é de vida. Cada Ideia é uma representação independente do princípio de razão, isto é, independente do tempo, do espaço e da causalidade; é um modelo imutável daquilo que, no espaço, é mutável e transitório, devido ao tempo. Cada Ideia é una e indivisa como a própria Vontade e a esta primeiro objetiva perfeitamente, antes de entrar em cena no mundo efetivo imperfeito na forma de indivíduos. Portanto, o domínio das Ideias configura, nos seres que a representam, uma espécie de *ontologia de superfície*.

Metafísica da natureza

Ocorre que nesse percurso de manifestação da Vontade como atividade em si do cosmo, as Ideias, para se objetivarem na efetividade como espécies da natureza, precisam de matéria (estofo), que é sinônimo de espaço. Este, por meio do embate causal dos diversos seres, vem a ser ocupado por seus corpos, algo que necessariamente gera conflito, pois cada ser quer bem objetivar sua espécie e para isso precisa conquistar matéria. Desse modo, o mundo torna-se um campo de batalha, no qual quem não devora é devorado, quem não aniquila é aniquilado. Por isso, infere Schopenhauer, a Vontade de vida devora a si mesma e precisamente assim, em uma autofagia, aparece como mundo; daí o sofrimento universal das criaturas, toda vida é sofrimento, *alles Leben ist Leiden*.

Sobre a tradução do termo alemão *Erscheinung* por aparência, em vez de fenômeno

Como acabei de expor, na metafísica da natureza de Schopenhauer, a Vontade, como atividade cósmica, objetiva-se mediante atos originários e torna-se mundo, vale dizer, *aparece* em indivíduos que representam suas respectivas Ideias arquetípicas, ou espécies. Nesse sentido, as aparências do mundo, *Erscheinungen*, são como reflexos, imagens temporais e fugidias das arquetípicas Ideias eternas. Trata-se, nesse teatro de vida e de morte da existência apresentado por Schopenhauer, de uma visão de mundo através do véu de *māyā* cognitivo que é o princípio de razão do entendimento, e sua forma arquetípica do tempo, no qual nada subsiste. Nesse contexto de irrealidade do que é transitório, escolhi verter *Erscheinung* precisamente por aparência, já que, em língua portuguesa, tal termo, tanto em seu emprego culto quanto em seu emprego ordinário, assume o sentido daquilo que é oposto à essência de algo; daí dizermos que "as aparências enganam". Nessa acepção, o termo corresponde muito bem àquilo que Schopenhauer quis dizer quando postula que o mundo dos entes efetivos submetido ao princípio de razão, submerso na transitoriedade do tempo, é inessencial, sempre vem a ser, mas nunca é. Mundo este que apresenta uma realidade apenas aparente, já que aquilo que aparece, a Vontade como coisa em si, é por inteiro diferente da representação. O que aparece é aparência da essência, não a essência em si. Há aqui, pois, um "profundo abismo entre o ideal e o real", isto é, entre o mundo como o apreendemos pelo intelecto e suas formas do espaço, do tempo e da causalidade, e a atividade volitiva que manifesta o mundo. Em consequência, o mundo como me aparece no cérebro é um composto de simulacros. Uma passagem do autor bem ilustra seu pensamento: em § 5 de *O mundo como vontade e como representação*, tomo I, Schopenhauer cita Píndaro: "O ser humano é o sonho de uma sombra". Depois, cita Sófocles: "Vejo que nós, viventes, nada somos senão simulacros, sombras fugidias".

Já o termo fenômeno, bastante usado em língua portuguesa (devido à influência dos primeiros tradutores de linhagem kantiana) para verter o termo alemão *Erscheinung*, não funciona bem no contexto da filosofia de Schopenhauer (ouso dizer que nem mesmo no contexto da filosofia de Kant), precisamente porque o autor emprega o termo grego germanizado *Phänomen* quando se refere às *aparências extraordinárias, isto é, instantes de irrupção da identidade metafísica da Vontade no mudo efetivo*. Ademais, o termo fenômeno corresponde, na maioria das vezes, no Brasil, a esse sentido extraordinário, por exemplo quando dizemos que um genial jogador de futebol é um fenômeno ao destacar--se entre os jogadores comuns; ou quando nos referimos a um acontecimento natural de grande proporção e poder etc. Os exemplos que o autor fornece de *Phänomen* são poucos e raros, como é o caso da "simpatia", que compreende a compaixão, o amor sexual e a magia, ou o caso da negação da Vontade, do suicídio etc.,[2] fenômenos estes todos compreendidos como a irrupção da Vontade no mundo das aparências, ou seja, são instantes nos quais ela de imediato transpassa o véu de *māyā* do princípio de razão e se apresenta de modo, por assim dizer, nu. Isso faz Schopenhauer ser bastante econômico no uso do termo *Phänomen*.

Por seu turno, o termo *Erscheinung* é abundante em seus textos. Indica o fluxo comumente perceptível das ocorrências da efetividade que manifestam imperfeitamente a Vontade. É um termo cujo sentido conceitual não serve, penso, para ser vertido por "aparição", que seria outra possibilidade de tradução, pois aparição, entre nós, assume em diversos contextos o sentido daquilo que Schopenhauer queria significar com o termo fenômeno. De fato, tanto em nosso uso corriqueiro quanto culto da língua portuguesa, o termo aparição é normalmente empregado para indicar uma aparência extraordinária, como a aparição de um morto, a aparição de um fantasma, a aparição de um espectro, a aparição de uma assombração, a aparição milagrosa da Virgem Maria e de Jesus Cristo etc.

---

2 Cf., a esse respeito, meu artigo: Barboza, J. "Schopenhauer: die Erscheinung, das Phänomen". In: *Revista Voluntas: Estudos sobre Schopenhauer*, v.5, n.1 – 1º semestre de 2014, p.3-8.

Por muito tempo traduzi *Erscheinung* por fenômeno; porém, depois do aprofundamento no sentido do termo *Phänomen* em Schopenhauer, durante as diversas traduções que fiz de seus textos, efetuei a correção, com o que, estou seguro, o espírito da filosofia do Boddhishatva de Frankfurt é melhor captado em sua letra.

Metafísica da natureza

1
Sobre o conceito de metafísica

A segunda parte do conjunto de minhas preleções eu intitulo "metafísica" e, para diferenciá-la das duas outras partes subsequentes, de preferência a denomino "metafísica da natureza"; porém, propriamente dizendo, reside aqui uma tautologia. Queremos doravante definir o significado da palavra *metafísica*. Todos nós muitas vezes já ouvimos este termo; mas provavelmente para muitos seria bastante difícil determinar o que por ele é propriamente dito: pois o significado dessa palavra tornou-se com o tempo polissêmico e teve de acomodar-se a diversificados sistemas filosóficos. "Metafísica" – É um belo nome! para "aquilo que reside além da natureza e do que é meramente natural, que reside para além da experiência", – ou "o conhecimento daquilo cujo aparência é a natureza, que se manifesta na natureza" – "o conhecimento do núcleo, cuja casca é a natureza; – o conhecimento daquilo para o qual a natureza se relaciona como mero signo"; nessa acepção é que a palavra soa deveras estimulante nos ouvidos de cada um que foi destinado ao pensamento profundo, para quem a aparência do mundo não satisfaz, porém gostaria de conhecer a verdadeira essência dele. – Esse sentido já é o dado pela etimologia da palavra e, nessa acepção geral, eu também adoto a palavra metafísica. Também acredito que esse sentido coincide assaz com o originário dela. A saber, a origem da palavra são os catorze livros de Aristóteles intitulados τὰ μετὰ τὰ φυσικά:[3] alguns acreditam que esse título refere-se apenas ao fato de tais livros serem subsequentes à φυσικά: algo que não procede, devido à desordem, fragmentação, mutilação em que todos os escritos aristotélicos chegaram até nós: também não é factível que esse título, tornado uma palavra tão significativa, originariamente tenha tido apenas um semelhante significado exterior e prosaico. Antes, Aristóteles queria com isso também indicar o que reside para além da natureza, que ultrapassa a experiência. Trata-se ali do *ente* [*Seienden*] enquanto tal, o ον;[4] caso, portanto, se procure compreender o que constitui uma coisa enquanto ela é uma coisa, logo, o que se pode dizer do existente enquanto tal: para isso não se precisa de experiência ulterior alguma; meramente o conceito de ente em geral é levado em conta. O procedimento, por conseguinte, é *apriori*,[5] e um desenvolvimento de meros conceitos. Estabelece-se o mais universal em todo o nosso conhecimento e os princípios superiores: esse é o conteúdo principal da obra: que é o saber, a ciência, a experiência, a arte; também é estabelecido o princípio de contradição, e até mesmo demonstrado, bem como o do terceiro

---

3 O que vem depois da φύσις [física, natureza]. (N. T.)

4 "Algumas determinações são próprias ao ente, na medida em que ele é um ente; e investigar a verdade delas é a tarefa do filósofo." (*Metafísica*, IV, 2; 1004 b 14).

5 Schopenhauer grafa, nestas preleções, algumas vezes, *apriori*, outras, *a priori*. Conservei essa variação. (N. T.)

Metafísica da natureza

excluído; investiga-se os diversos tipos de prova, assim como os quatro tipos de causa; investiga-se sobre matéria e forma; sobre conceitos e sua natureza e se eles existem em si. Há muita polêmica contra os primeiros filósofos, sobretudo contra a doutrina das Ideias de Platão. Esse é, no todo, o conteúdo. A obra é uma fonte capital da história da filosofia antiga, em que são introduzidos muitos primeiros filosofemas difíceis de refutar. O todo, contudo, possui um curso vago e desconexo: Aristóteles sempre dá saltos, sempre passa dos cem aos mil: não vai direto ao ponto, não aprofunda nem esgota investigação alguma; quando está em um ponto interessante, e achamos que, por fim, a investigação vai agora avançar de fato, ele então a dá por encerrada e passa para outra. Isso deriva precisamente do seu característico erro básico que o torna o oposto principal de Platão, a saber, um empenho insaciável por superfície, por pluralidade, por acúmulo, em vez de empenhar-se por profundidade e concentração, como Platão: ele reparte sua força no inumerável e no individual, em vez de coligi-la em um ponto. Não fosse esse erro, muito provavelmente Aristóteles já teria feito as descobertas que Kant faria 2 mil anos depois. Ele esteve bastante próximo disso em *Analíticos posteriores* (livro I, capítulo 32). –

Mais tarde, na Idade Média, toda a filosofia foi dividida pelos escolásticos conforme os moldes dessa metafísica aristotélica e, com isso, a filosofia em geral recebeu o nome de metafísica. Ela era a ciência do *ens quâ ens*:[6] enriqueceram e ordenaram a metafísica aristotélica, levando-a, ampliada, cada vez mais longe, e a amalgamaram com a teologia cristã: dife-

---

6 "Do ente enquanto ente". (N. T.)

renciaram o *ens* em *ens creatum et increatum*,[7] e coisas semelhantes. Um princípio elementar era, por exemplo, *quodlibet ens est unum, verum, bonum*,[8] que deu estofo para vários capítulos. — A consumação suprema para a qual tudo aquilo convergiu mostra-se nas *Disputas metafísicas* de Suarez. Mesmo depois do período escolástico, no entanto, a filosofia permaneceu metafísica e conservou até mesmo o corte aristotélico. Por exemplo, bem depois do *Traité de métaphysique* de Bayle, Christian Wolf ainda retrabalhou em 1700 a doutrina leibniziana, almejando uma metafísica mais elevada, completa e sistemática, inédita até então. Ela tinha quatro partes principais. 1) *Ontologia*, também denominada *filosofia prima*;[9] era a metafísica no sentido estrito do termo, a doutrina do ente como tal, do *ens*, da coisa em geral. 2) *Cosmologia*, a doutrina da totalidade do mundo, do seu encadeamento e de como ele existe como um todo, as leis desse encadeamento, sua ordenação e beleza, forma e matéria, origem, dependência, acaso etc. Após a consideração do mundo como um todo, chegou-se ao seu especial conteúdo: no mundo existiriam apenas duas espécies de ser, os corpos e os espíritos: os corpos foram abordados na física e, assim, separados da metafísica; os espíritos constituíam o estofo da parte 3) *Psicologia*, parcialmente *racional*, parcialmente *empírica*; a parte *racional* ensinava, sem recorrer à experiência, o que da alma se podia inferir a partir do conceito de um ser que foi criado simples, imaterial; a *empírica* ensinava o que sabemos a partir da experiência sobre o espírito humano, e subsiste ainda

---

7 "Ente criado e ente incriado". (N. T.)

8 "Qualquer ente é uno, verdadeiro, bom". (N. T.)

9 "Filosofia primeira". (N. T.)

Metafísica da natureza

hoje isoladamente como relato de experiência anímica, antropologia psíquica, psicologia. Por fim, a quarta parte da metafísica era: 4) *Teologia*, como *teologia natural*. Desde a catástrofe kantiana que se abateu sobre toda essa sabedoria, volta e meia ainda reaparece esta última parte sob outro nome, "filosofia da religião" (um oximoro).

Kant efetivamente produziu a grande catástrofe que eternamente permanecerá um marco na história da filosofia. Ele implodiu toda aquela sabedoria, e de tal maneira que ela jamais será reerguida. Daí advém que, decerto, nunca ciência alguma mudou tão completamente em tão curto espaço de tempo quanto a filosofia nestes últimos quarenta anos. O que os nossos[10] avós entendiam sob o nome de metafísica não tem quase semelhança alguma com o que hoje, como tal, apresentarei. Vale a pena folhear mais uma vez a metafísica de Meier em quatro tomos: refiro-me ao muito famoso livro A° 1750-1780, baseado no qual o próprio Kant dava suas aulas, antes mesmo de ter transfigurado a filosofia, o que só ocorreu depois de seus 50 anos, em 1781. Além do mais, apenas passados quatro anos é que seu livro foi levado em consideração.[11] Como é diferente aquela metafísica de Meier de tudo o que é ensinado neste século! Para expressar em poucas palavras o espírito dessa grande revolução, pode-se dizer: antes se consideravam as coisas desse mundo da experiência como absolutamente reais, como coisas em si; por conseguinte, considerava-se sua ordem como uma

---

10 Schopenhauer dirigia-se a uma audiência universitária em Berlim, que, aliás, era módica, só quatro alunos. (N. T.)

11 *Crítica da razão pura*, publicada em 1781, quando Kant tinha 57 anos de idade. (N. T.)

ordem das coisas em si e, por fim, as leis dessa ordem como leis eternas do mundo em si. Contudo, Kant mostrou e demonstrou que este mundo da experiência é mera *aparência*; a ordem dele, mera ordem da aparência; suas leis, válidas somente para as aparências. Logo, jamais se poderia ir além dele; a coisa em si foi separada da aparência; Kant a declarou incognoscível. Por conseguinte, não mais adotou, propriamente dizendo, metafísica alguma. Todavia, empregou os termos metafísica e metafísico para referir-se àquilo que por nós é conhecido no todo *apriori* e independentemente da experiência: nesse sentido é que a palavra "metafísico" coincide com "transcendental": os escolásticos designavam assim aquilo que havia de mais universal em nosso conhecimento, aquilo que, propriamente dizendo, era ainda mais universal que as dez categorias de Aristóteles. Portanto, justamente aquilo que pertence a cada coisa enquanto coisa; por conseguinte, aquilo que fornece o estofo da metafísica. Kant denomina "transcendental" aquilo de que temos ciência antes de cada experiência, portanto que é certo *a priori*, por consequência, o que diz respeito à forma da experiência.[12] Justamente isso ele denomina também "metafísico": daí sua metafísica da natureza e sua metafísica dos costumes. *Illustratio*.[13] Foi nesse sentido que falei de "verdade metafísica" na classificação dos quatro tipos de verdade.[14] Entretanto, emprego

---

12 "Mais precisamente falando, Kant denomina transcendental o conhecimento do que é certo *apriori*, com a consciência de que ele reside em nós antes de cada experiência: logo, o conhecimento de nosso saber *apriori* como um tal."

13 "Ilustração". (N. T.)

14 Toda verdade, segundo Schopenhauer, é formada de um juízo, que tem de ter um *fundamento* suficiente exterior a si. A verdade é esta-

Metafísica da natureza

a palavra *metafísica* ainda em outro sentido, que concorda mais com o sentido originário. A saber: descobri que nosso conhecimento do mundo não está exclusivamente limitado à simples aparência, mas, ademais, temos *data*, dados para conhecimento da essência íntima do mundo, daquilo em referência ao qual ele é a aparência, temos dados para conhecimento de sua essência íntima e núcleo. Logo, a natureza é simples aparência daquilo que reside para além da natureza, é simples aparência da essência íntima, do em-si da natureza: a doutrina desse conhecimento constitui a segunda parte de minhas preleções, que eu agora inicio: ela se chama, por conseguinte, *metafísica* ou, de maneira tautológica, todavia mais precisamente designada, *metafísica da natureza*.

A terceira parte de minhas preleções eu denominarei *metafísica do belo*,[15] quando consideraremos o belo não só na medida em que ele é dado em nossa experiência, mas, partindo desta, dissolveremos a impressão do belo em seu ser em si, veremos o que se passa em nós quando experimentamos o sentimento do belo e do sublime, e como nos identificamos, propriamente dizendo, com a essência em si de nosso si-mesmo e do mundo.

---

belecida pelo chamado princípio de razão de conhecimento. Sendo assim: 1) se um juízo tem por fundamento outro juízo, tem-se a *verdade lógica*; 2) se um juízo tem por fundamento uma intuição empírica, tem-se a *verdade empírica*; 3) se um juízo tem por fundamento as formas puras do entendimento e da sensibilidade, tem-se a aqui nomeada *verdade metafísica*, que Schopenhauer preferiu denominar, na segunda edição da *Quadrúplice raiz do princípio de razão suficiente*, *verdade transcendental*; por fim, 4) *verdade metalógica* é aquela em que as condições formais de todo pensamento, residentes em nossa razão, são o fundamento de um juízo. (N. T.)

15 Cf. minha tradução para o português, São Paulo: Ed. Unesp. (N. T.)

Por fim, a *metafísica dos costumes* constituirá a quarta parte, porque nela não consideraremos só a diferença entre o bom e o mau, na medida em que ela se apresenta na experiência interior como voz da consciência moral, e daí inferimos o que é ou não permitido fazer; porém exporemos o íntimo significado dessa diferença entre bom e mau e veremos como ele se identifica com a essência em si do nosso si-mesmo e do mundo em geral, como ele brota dessa essência íntima e nela tem sua referência. *Suo loco*, sobre isso em seu devido lugar. Agora passemos à segunda parte, a *metafísica da natureza*.

2

O problema da metafísica (e sua relação com o problema de outras ciências)

Na primeira parte de nossas preleções, abordamos exclusivamente a representação, consideramos o mundo apenas na medida em que ele é representação. E, propriamente dizendo, apenas segundo a *forma*.

Consideramos também a representação abstrata de acordo com seu conteúdo, a saber, na medida em que ela tem todo o seu conteúdo apenas através de sua relação com a representação intuitiva. A esta nos restringiremos. Surge, então, a pergunta sobre o *conteúdo* da representação intuitiva. Queremos conhecer suas determinações mais precisas, o que não é formal nelas, mas material, o que não é conhecido *a priori*, mas é encontrado empiricamente.

Todavia, queremos em especial um esclarecimento sobre o significado desse mundo que se apresenta a nós inteiramente como representação. Vemos que essas imagens, das quais é constituído, não passam diante de nós de maneira estranha e insignificante, mas nos falam diretamente e são tão bem entendidas que despertam um interesse que amiúde comove forte e entusiasticamente todo o nosso ser. Por isso perguntamos: o *Quê* é esse mundo, além do fato de ser nossa representação? O *Quê* permanece, caso se abstraia o vir-a-ser-representado, isto é, o ser-representação? O *Quê* significa esse mundo inteiro da representação? O *Quê* é, dessa aparência, a essência, o *Quê* é que aparece, a coisa em si?

Tal questão é o problema capital da filosofia.

Ela tem de ser diferenciada do problema das outras ciências, que em certa medida também se ocupam da totalidade da aparência.

Por exemplo, qualquer aparência pode também ser objeto empírico da matemática; também esta se estende a todas as coisas. Mas o que a matemática nas coisas considera é exclusivamente a *grandeza*: só na medida em que as coisas são partes do espaço e do tempo, ou, antes, na medida em que os preenchem, é que as considera. A matemática apenas mede e conta. Ela fornecerá a medida do grande e do muito de maneira bastante precisa: porém, nada além disso. E estes são sempre relativos: a saber, a comparação de uma representação com outras, e em verdade apenas do ponto de vista unilateral da grandeza.

Mais próxima da abordagem de nosso problema parece estar a ciência da natureza. Ela não se ocupa do meramente formal da aparência, o tempo e o espaço, mas sim com seu conteúdo, com o que é empírico. Por isso, queremos de modo preciso indicar e tornar evidente em que medida nosso problema é diferente do problema da ciência da natureza e ver em que sentido consideramos as aparências em um aspecto inteiramente outro e, assim, traçar de modo preciso as fronteiras entre o seu e o nosso domínio; logo, entre a física e a metafísica. Temos por isso de sobrevoar o seu domínio.

Encontramos o domínio da ciência da natureza repartido em quatro campos. De imediato, no entanto, podemos dife-

Metafísica da natureza

renciar duas divisões principais. Toda *ciência da natureza* é ou descrição de figuras, que denomino *morfologia*, ou explanação de mudanças, que denomino *etiologia*. — A primeira considera as formas permanentes; a segunda, a matéria que muda de acordo com a lei de sua transição de uma forma a outra. — Morfologia é aquilo que no sentido mais amplo do termo se denominou história natural: zoologia, botânica, mineralogia. Zoologia e botânica nos ensinam a conhecer, em meio à mudança incessante dos indivíduos, figuras orgânicas permanentes e por isso mesmo determinadas de modo fixo: essas figuras constituem grande parte de toda representação intuitiva. Tais figuras são classificadas, separadas, unidas por aquelas ciências (zoologia e botânica) segundo sistemas naturais e artificiais, e depois subsumidas e repartidas em determinados conceitos, o que torna possível uma visão panorâmica e um conhecimento de todas essas figuras ricamente variadas. Semelhantes conceitos determinam as ordens, as classes, as famílias, os gêneros, as espécies. Em seguida, demonstra-se uma analogia infinitamente nuançada, que perpassa o conjunto das figuras, no todo e nas partes, em virtude da qual se assemelham a muitas diferentes variações sobre um tema inespecífico – explanação, escalonamento. No que se refere às formas: ao contrário, a passagem da matéria, que sempre muda, para aquelas figuras, ou seja, o nascimento dos indivíduos, não é um assunto de privilegiada consideração, visto que todo indivíduo provém por procriação de outro semelhante a ele, procriação que, em toda parte igualmente misteriosa, até agora se furtou ao claro conhecimento: o pouco que se conhece disso encontra seu lugar na fisiologia, que já pertence à ciência etiológica da natureza. — A mineralogia, a dizer a verdade, pertence também à morfologia, pois lida com figuras permanentes; estas, entretanto, não possuem forma orgânica alguma, logo, nenhuma forma por inteiro fixamente determinada, porém suas formas transitam de uma para outra por graus intermédios que não podem ser determinados em termos exatos: opala por meia opala, opala pêssego em retinita, também em calcedônia amarela, diatomite em sílex, calcedônia em quartzo, diatomite em opala. As causas, as influências exteriores das transições, das modificações, das variedades, a mineralogia, por conseguinte, tem de considerar e, justamente por conta disso, torna-se etiológica: e tanto mais na medida em que também considera os elementos e o tipo de origem dos minerais, na medida em que considera seu sucessivo separar-se do fluido originário, investiga a sequência dessa separação a partir de seu sítio, deduz as causas de determinados minerais serem encontrados juntos. Por exemplo, sílex é frequentemente encontrado em calcário: nesse aspecto, ele é geognosia; se a mineralogia consegue por aí obter determinados dados sobre as mudanças e revoluções que sofre a superfície da terra e explanar precisamente a figura atual dessa superfície a partir daquelas mudanças como sua causa, então ela se torna *geologia*. Esta, portanto, deve pertencer por inteiro à mineralogia. Em síntese, a morfologia compreende zoologia, botânica, mineralogia: ela considera as formas *exteriormente* dadas: *morfologia interior* seriam a anatomia e a anatomia comparada, bem como a investigação da figura nuclear dos cristais, segundo Haüy.

Etiologia no sentido estrito do termo são, pois, todos os ramos da ciência da natureza cujo objeto principal é o conhecimento de causa e de efeito em toda parte: ensinam como, segundo uma regra infalível, a *um* estado da matéria se segue necessariamente outro bem definido: como uma mudança determinada produz

Metafísica da natureza

necessariamente outra mudança determinada: essa demonstração se chama *explanação*. – Mecânica, física, química, fisiologia. – Fisiologia das plantas e dos animais.

Caso nos dediquemos também ao aprendizado de todas essas ciências, jamais, entretanto, alcançaremos a informação capital procurada que resolveria nosso problema; mas veremos que nosso problema é completamente diferente do problema da morfologia e da etiologia. Pois: a *morfologia* nos exibe figuras inumeráveis, infinitamente variadas, aparentadas por uma inegável semelhança de família, ordenadas segundo suas semelhanças e diferenças, e com isso apreensíveis em seu conjunto: todavia, deixa que elas permaneçam como aparências, não vai além delas: são seres que existem apenas para a representação, aparências: e, se não procurarmos conhecer sua essência de outra maneira; então serão para nós, em meio a toda essa classificação, hieróglifos indecifráveis: hieróglifos da natureza. Toda a natureza é um grande hieróglifo que precisa de uma interpretação.

Voltando à *etiologia* (mecânica, física, química, fisiologia), esta lida com puras mudanças: mostra como, segundo a lei de causa e efeito, este determinado estado da matéria produz aquele outro: e com isso cumpriu a sua tarefa.

No fundo, nada mais faz senão demonstrar a ordem regular em conformidade com a qual os estados aparecem no espaço e no tempo, ao ensinar que para todos os casos tal aparência tem de necessariamente entrar em cena neste tempo e neste lugar. Ela determina sua posição no espaço e no tempo segundo a lei de causalidade, uma lei cujo conteúdo determinado foi ensinado pela experiência e cuja forma e necessidade universais, contudo, nos são conhecidas independentemente da experiência. – Mas por aí não recebemos a mínima informação sobre a essência íntima de nenhuma daquelas aparências. Essência íntima que é denominada *força natural* = X, também *força vital* = Y, *impulso de formação* = Z, que ficam fora do domínio da explanação etiológica, a qual vale apenas sob sua pressuposição: a constância inalterável de entrada em cena da exteriorização de uma semelhante força natural, sempre que para isso as condições conhecidas da experiência sejam dadas, se chama *lei natural*, que por sua vez também não mais é explanável. Essa lei natural, essas condições conhecidas, essa entrada em cena em relação a um determinado lugar em um determinado tempo, da força, é tudo o que a etiologia conhece e pode conhecer. Ao contrário, a força mesma que se exterioriza como força natural, como impulso de formação, como força vital, a essência íntima das aparências que entra em cena conforme aquela lei, permanece, agora como antes, um mistério, algo completamente estranho e desconhecido, tanto na aparência mais simples quanto na mais complexa. Até agora, a etiologia alcançou mais perfeitamente seu objetivo na *mecânica*, porque esta faz menos pressuposições a partir das quais tudo explana; gravidade, rigidez, impenetrabilidade, transmissão de movimento; mais imperfeitamente alcançou o seu objetivo na fisiologia – no meio caminho entre essas duas ciências encontram-se física e química. Mas a essência íntima das forças, cujas exteriorizações são corretamente identificadas e determinadas em cálculos precisos pelas leis da mecânica, permaneceram um mistério tão grande quanto as forças que produzem e conservam o corpo humano, com cuja descoberta a fisiologia está ocupada. A força em virtude da qual uma pedra cai na terra, ou um corpo rechaça outro, não é menos desconhecida e misteriosa em sua essência

Metafísica da natureza

do que a força que produz os movimentos e o crescimento e a vida de um animal: vivemos no meio de puros enigmas, de máscaras, de figuras com véu. A mecânica pressupõe matéria, gravidade, impenetrabilidade, comunicação do movimento por choque, rigidez etc., como insondáveis, denominando-as *forças naturais*, e *lei natural* seu aparecimento necessário e regular sob certas condições; só em seguida principia sua explanação, que consiste em indicar de maneira fiel, matematicamente precisa, como, onde e quando cada força se exterioriza, remetendo toda aparência encontrada a uma dessas forças e a sua respectiva lei. — Assim também o fazem física, química, fisiologia em seus domínios próprios: com a diferença de que pressupõem mais e realizam menos. *Illustratio*. — De acordo com isso, a mais perfeita explanação etiológica de toda a natureza nada mais pode fornecer, propriamente dizendo, senão um catálogo de forças naturais inexplicáveis, uma indicação segura da regra segundo a qual suas aparências entram em cena, se sucedem e dão lugar umas às outras no espaço e no tempo: porém, teria de deixar sempre inexplicável a essência íntima das forças que assim aparecem, porque a lei de causalidade que ela segue como fio condutor se restringe às aparências, nestas estacionando e em sua ordenação.

Comparação com o *mármore*.

Comparação com uma sociedade (cf. W I, § 17)[16]

---

16 Eis as comparações. "A explanação etiológica é comparável ao corte de um mármore que mostra variados sulcos um ao lado do outro, mas não permite conhecer o curso de cada um deles do interior à superfície do bloco; ou, se me for permitida uma comparação burlesca, em virtude de sua plasticidade, em face da etiologia de toda a natureza, o investigador filosófico teria de se sentir como alguém

Portanto, também a etiologia nunca pode fornecer a desejada informação que nos conduziria para além daquelas aparências que até agora conhecemos apenas como nossas representações. Pois, após todas as explanações etiológicas, as aparências ainda permanecem como meras representações, completamente estranhas, cujo significado não compreendemos. A conexão causal dá apenas a regra e a ordenação relativa de seu aparecimento no tempo e no espaço, sem nos permitir conhecer mais corretamente aquilo que aparece. Ademais, a lei de causalidade vale apenas para representações intuitivas na medida em que elas estão ligadas ao todo da experiência, vale somente para os objetos da primeira classe,[17] sob cuja pressuposição unicamente possui significado; e, portanto, como o objeto mesmo, existe sempre só em relação ao sujeito, logo,

---

que, sem saber, entrasse em uma a sociedade por inteiro desconhecida, cujos membros lhe apresentariam seus respectivos parentes e amigos, tornando-os suficientemente familiares: ele mesmo, entretanto, todas as vezes que se alegrasse com a pessoa apresentada, teria sempre nos lábios a pergunta: 'Diabos, como vim parar no meio de toda essa gente?'." (N. T.)

17 O autor refere-se aqui ao primeiro dos quatro domínios de objetos regidos pelo princípio de razão em suas quatro figuras – "nada é sem uma razão para ser assim e não de outro modo" –, expostas em *Sobre a quadrúplice raiz do princípio de razão suficiente*. A primeira classe de objetos é exatamente a das representações intuitivas, formadas a partir da experiência, que são regidas pelo "princípio de razão do devir"; há ainda a classe dos conceitos e as formas do juízo regidos pelo "princípio de razão do conhecer"; a classe constituída pela parte formal das representações, isto é, as intuições puras do espaço e do tempo, regidas pelo "princípio de razão do ser"; e, por fim, há o sujeito do querer, e aquilo que o motiva, regido pelo "princípio de razão do agir". (N. T.)

condicionalmente, pelo que é tão bem conhecida tanto *apriori* quanto *aposteriori*:[18] e justamente por isso há de se conhecer que nada cabe aos objetos senão na medida em que existem para o sujeito, isto é, na medida em que existem para nós, em nossa percepção, cujo todo se chama experiência.

Porém, não estamos mais satisfeitos em saber que possuímos representações, que são tais e quais e conectadas conforme estas e aquelas leis, cuja expressão geral em última instância é sempre o princípio de razão. Queremos conhecer o *significado* dessas representações: perguntamos se este mundo nada mais é senão representação, caso em que teria de desfilar diante de nós como um sonho inessencial, um fantasma vaporoso, sem merecer nossa observação: ou se é algo outro, algo a mais, e o quê?

Aqui o *realismo*, isto é, toda filosofia que não é idealismo ou ceticismo ou criticismo, já tem sua resposta pronta. Ele nos diz que a representação representa um *objeto* em si que jazeria *no fundamento* dela, objeto este totalmente diferente, conforme todo o seu ser e toda a sua essência, da representação; entretanto, seria em todas as partes tão semelhante a ela quanto um ovo de outro ovo; de tal forma que, mediante a representação, conheceríamos o objeto tal como ele é em si: essa maneira de pensar foi ensinada por Aristóteles e Epicuro e bem aceita por quase todos os filósofos antigos: com efeito, deveria haver *species sensibiles*,[19] perceptíveis fantasmas aéreos que continuamente voariam e alcançariam através dos sentidos nosso espírito como cópias fiéis do objeto. Outros realistas, no entanto, admitem grande diferença entre o objeto e a representação, na

---

18 *Sic!* (N. T.)
19 "Imagens sensíveis". (N. T.)

medida em que todos os tipos de qualidade que a representação nos mostra existem no objeto apenas a partir da extensão, da impenetrabilidade e do movimento. Essa foi a doutrina de Locke, que já se encontrava expressa, de modo menos distinto, na doutrina de Descartes. A inadmissibilidade de uma tal hipótese salta aos olhos a partir do que foi até agora exposto:[20] a saber, representação e objeto jamais podem ser separados como duas coisas diferentes: mas para nós os dois são uma única e mesma coisa: pois todo objeto sempre permanece representação, já que ele, como objeto, pressupõe um sujeito e existe apenas em relação a este; por isso, a primeira coisa que tivemos de falar sobre a representação foi que sua forma fundamental é a divisão em objeto e sujeito: em seguida vimos o espaço e o tempo, formas de todos os objetos, já dados através do sujeito como tal, portanto não inerentes ao objeto como tal; mas o que permanece do objeto, se são abstraídas todas as determinações pensáveis apenas através de espaço e tempo? *Illustratio.* Por fim, o argumento principal do realismo, a saber, a inferência, a partir da representação, de um diferente objeto como seu *fundamento*, é completamente insustentável. Pois encontramos, após uma exaustiva investigação do princípio de razão, que ele nada é senão a forma universal de vinculação das representações entre si; por conseguinte, conforme a diversidade das classes de representação, ele aparece em quatro figuras,[21] cada uma das quais conhecida pelo sujeito por si mesmo e de modo inteiramente independente do objeto. Por consequên-

---

20 Ou seja, exposto no primeiro conjunto de suas preleções, dedicado à teoria geral do conhecimento. (N. T.)

21 Cf. minha n.14. (N. T.)

Metafísica da natureza

cia, o princípio de razão é tanto forma de conhecimento do sujeito quanto forma da aparência do objeto. Todavia, sempre vale como lei de vinculação apenas de objetos com objetos, portanto, de representações entre si, autorizando como seu fundamento uma conclusão de objeto a outro; jamais, todavia, serve para uma vinculação do objeto com algo que lhe seria completamente diferente. Logo, não pode conduzir de uma representação a algo totalmente diferente dela que não mais seria representação, portanto algo que não mais seria representável, no entanto fundamento da representação. – Esse emprego do princípio de razão é totalmente ilegítimo: o princípio de razão vale apenas para objetos na medida em que são representações, isto é, existem exclusivamente para o sujeito e vinculadas entre si: mas ele não vale nem para a relação mesma entre objeto e sujeito; nem para além de todo objeto (isto é, representação) como algo diferente deste.

Toda a nossa pergunta sobre o que é o objeto, isto é, o mundo para além de representação, portanto em si, também não se apoia sobre o princípio de razão; mas no fato de o objeto desfilar diante de nós não como um mero fantasma e sim ter um significado que envolve toda a nossa essência, e todos *sentimos*, isto é, conhecemos imediatamente, porém não sabemos dar sobre esse significado uma informação *in abstracto*. Eis por que perguntamos sobre a interpretação abstrata do *significado* dessa representação, e sobre a origem de nosso interesse nele. Em consequência disso, atribuímos *realidade* a essas representações intuitivas: queremos saber o que propriamente é, e o que significa essa realidade.

Também é certo que esse algo pelo qual perguntamos tem de ser, segundo sua essência inteira, fundamentalmente diferente da representação; em consequência, também suas formas e suas leis têm de ser inteiramente estranhas. Assim, a partir da representação, não podemos chegar até ele pelo fio condutor daquelas leis que só ligam objetos, representações entre si, que são as figuras do princípio de razão.

A dificuldade é enorme. Dadas são apenas as representações, suas formas *apriori* válidas apenas em relação a elas, válidas apenas para a aparência, não para a coisa em si. Essas formas são o princípio de razão: ele, contudo, conduz apenas de representações a outras representações, não para além delas: o regresso empírico, isto é, o regresso no fio condutor do princípio de razão que interliga a experiência em um todo, conduz sempre só de aparência a aparência: pois ele mesmo também pertence à aparência como sua forma. E é assim que o mundo da representação posta-se diante do sujeito, unicamente para o qual ele existe: como então deve ser feito o transpassar do mundo como mera representação para aquilo que ele ainda pode ser fora da representação, o transpassar da aparência para a coisa em si? De onde deve vir o fio condutor? Todo o nosso conhecimento é ou apenas experiência, portanto a partir da aparência; ou ele é até mesmo *apriori*, contudo válido somente para a aparência!

3
Solução do problema através da demonstração preliminar da identidade do corpo com a vontade

Na realidade, o problema exposto não é resolvido pelo caminho da mera representação. Caso se parta da representação, jamais se pode sair da representação. Apreende-se por aí sempre só o lado exterior das coisas; contudo, do exterior, jamais se penetrará o interior das coisas para assim investigar o que podem ser em si. Não chegamos a esse interior partindo de fora, mas justamente de dentro, através, por assim dizer, de uma passagem subterrânea, que ali de imediato nos coloca, na medida em que nos servimos de uma ligação, guardada em segredo, que mantemos com as coisas, devido à qual somos introduzidos na fortaleza, impossível de ser conquistada por um ataque vindo do exterior.

De fato, o cobiçado transpassar jamais poderia ser feito, e o mundo permaneceria diante de nós eternamente como uma imagem sem possibilidade de interpretação – um fantasma mudo –, se o investigador nada mais fosse senão *puro sujeito que conhece*; por assim dizer, uma cabeça de anjo alada desprovida de corpo. Contudo, o investigador se *enraíza* neste mundo: ele não é apenas o sujeito; mas é ao mesmo tempo *indivíduo* e, como tal, ao mesmo tempo objeto, parte integrante do mundo objetivo. Em outras palavras, seu conhecimento é, de um lado, o sustentáculo condicionante do mundo inteiro como representação; mas, por outro, é no todo intermediado por um corpo, cujas afecções, como foi mostrado, são o ponto de partida para a intuição do mundo objetivo. Esse corpo é ele mesmo objeto entre objetos, é para o puro sujeito que conhece uma representação como qualquer outra. Ora, como esse corpo do próprio indivíduo encontra-se muito mais próximo do sujeito que conhece do que quaisquer outros objetos, aos quais o corpo também pertence, então o sujeito tem de procurar na essência desse corpo a informação sobre os demais objetos. Se consideramos o corpo do próprio indivíduo meramente como objeto do sujeito; então os movimentos, as ações desse corpo nada são para o sujeito, conhecidas mais precisamente, senão como os movimentos e as mudanças de todos os outros objetos intuídos, e desse modo eles permaneceriam igualmente muito estranhos e incompreensíveis: isso se o significado deles não lhe fosse decifrado de modo inteiramente diferente. Se cada indivíduo não tivesse sobre a essência do seu corpo uma informação de tipo completamente diferente, então seu próprio corpo lhe seria tão estranho quanto os demais objetos, desconhecido segundo sua essência íntima, existindo apenas como um objeto, uma representação: veria as ações desse corpo seguirem-se a motivos dados, e de igual maneira a partir de motivos iguais, tudo isso com a constância de uma lei natural, justamente como as mudanças dos outros objetos devido a causas, estímulos, motivos. No entanto, não compreenderia de modo mais íntimo a índole propriamente dita da influência desses motivos do que compreende a ligação de qualquer outro efeito com sua causa a aparecer diante dele. O sujeito que conhece, então, nomearia, conforme seu gosto, a essência íntima e incompreensível daquelas exteriorizações e ações de seu corpo justamente uma força, uma qualidade, um caráter, porém sem obter uma intelecção mais profunda de sua essência. Mas tudo isso não é assim: antes, a palavra do grande enigma é dada ao sujeito que conhece, que existe como indivíduo, isto é, intermediado por um corpo, e, desse modo, ligado a objetos: e essa palavra chama-se *vontade*. Esta, e somente esta, lhe fornece a chave para sua própria aparência, mostra-lhe imediatamente a engrenagem interior de seu ser, seu agir, dos seus movimentos. E, partindo do conhecimento de si, por ele instruído, pode depois o sujeito que conhece também conhecer mediatamente a essência íntima em si de todas as demais aparências.

Por outros termos, ao sujeito do conhecimento, que por meio de sua identidade com o corpo entra em cena como indivíduo, esse corpo é *dado de duas maneiras completamente diferentes*: uma vez como *representação* na intuição do entendimento, como objeto entre objetos e submetido às leis destes: mas também ao mesmo tempo de uma maneira completamente diferente, a saber, como aquilo conhecido de imediato por cada um que a palavra *vontade* indica.

Todo ato de sua vontade é, de maneira simultânea, imediata e inevitável também um movimento de seu corpo: ele não pode realmente *querer* o ato sem ao mesmo tempo perceber que este aparece para a representação como movimento de seu corpo. O ato da vontade e a ação do corpo não são dois estados diferentes conhecidos objetivamente que o nexo de causalidade vincula; não se encontram na relação de causa e efeito; mas são integralmente uma única e mesma coisa, apenas dada ao mesmo tempo de duas maneiras totalmente diferentes à consciência: uma vez de modo imediato e uma vez na intuição para o entendimento. — A ação do corpo nada é senão o ato da vontade *objetivado*, isto é, que se tornou objeto, que entrou na intuição.[22]

---

22 As publicações recentes destas preleções sobre a *Metafísica da natureza*, uma editada por Volker Spierling (München: Piper Verlag, 1984) e outra por Daniel Schubbe (Hamburg: Felix Meiner, 2019), trazem, neste ponto, a remissão de Schopenhauer a duas anotações suas em um exemplar de sua obra principal: (1) "Assim que queremos imediatamente *alguma coisa*, vemos o *corpo de imediato* fazer o *movimento* querido: nada mais do que isso nos é consciente. No entanto, postular que nosso querer e o movimento do corpo são duas coisas diferentes, entre as quais se dá uma relação de causalidade, tal como conhecida na experiência exterior entre coisas na qual um estado de objetos materiais necessariamente produz outro — eis aí uma hipótese toda ela apanhada e fundamentada no ar: antes, o dado imediato é isto, que *nosso querer e o* movimento do *corpo são uma única e mesma coisa*, que o *sujeito* cognoscente (a inteligência no cérebro, que sempre se relaciona como espectador passivo) conhece *uma vez* interiormente como *ato da vontade* e a seguir, simultânea e inseparavelmente, no exterior como *movimento* do corpo: o conhecimento imediato interior não pode conhecer *o movimento* do corpo, e a *intuição* exterior *não* pode conhecer o *ato da vontade, precisamente porque o ato da vontade se expõe na intuição* exterior como movimento do *corpo e o* movimento do corpo se expõe no conhecimento *imediato* interior como ato da vontade: do que imediatamente se segue que, o que se expõe na intuição exterior como corpo, é o mesmo que no conhecimento imediato interior se *mostra como vontade*, no entanto *porque* aqui *exclusivamente* o tempo *sem o* espaço é a forma do conhecimento, a vontade se dá não *como* substância permanente, mas entra em cena apenas em atos sucessivos isolados. Pois, como mostrado anteriormente, a matéria tem, do espaço, a permanência e, do tempo, a mudança (cf. *O mundo...*, § 4). Diante daquele conhecimento que tem por forma apenas o tempo (isto é, o *conhecimento imediato interior de nosso querer*), não pode, por conseguinte, *expor-se substância*

Metafísica da natureza

permanente *alguma*; isso *só pode* ocorrer *no conhecimento exterior interme-diado* pelo entendimento, isto é, na intuição, em que *também a segunda forma*, o espaço, é acrescentada: então *subitamente* o que é *conhecido* interiormente como vontade expõe-se *automaticamente* como corpo e como algo permanente, o que, onde *fora conhecido* meramente no tempo, era impossível. (2) "Para auferir a grande evidência de que aquilo que na aparência se expõe como meu corpo é em si exata-mente minha vontade, exige-se apenas isto: que aquilo que pertence à representação, que existe apenas na representação, eu o separe de modo puro e o deixe à parte. Assim que tiver feito isso, vejo que o que resta é absolutamente vontade. Por consequência, vontade e re-presentação esgotam a natureza inteira de um ato de meu corpo, ato este que decerto é para mim da maior realidade. Se eu levanto meu braço e nesse ato abstraio tudo o que nele meramente se processa na representação, então o que resta é um puro ato de vontade: por outro lado, se abstraio esse ato de vontade, então o que resta é um processo existente na representação, em suas formas do espaço e do tempo, para um sujeito. – Mas, se alguém não quer deixar valer outra evidência senão a da *prova a partir de conceitos*, então tal pessoa seguramente se entrincheirou. Ora, a prova a partir de conceitos é tão somente a comprovação de que, naquilo que pensávamos e sabía-mos, já estava implicitamente pensado e sabido aquilo que queríamos comprovar: pois na *conclusio* não pode haver mais do que estava nas premissas. Como, então, se deve comprovar dessa forma uma nova intelecção? Para o entendimento que conhece cujo fio condutor é causa e efeito, cada movimento de um membro é um milagre: pois a cadeia das causas e dos efeitos interrompe-se ali por completo: caso persigamos fisiologicamente aquele movimento até onde pudermos, então chegaremos por fim a uma mudança sem causa (já que não temos o direito de ali implicar o motivo). Esse milagre no entanto nós mesmos o realizamos a todo instante, todavia ele permanece inexplicável ao nosso entendimento. Isso procede do fato de não existir conexão alguma entre o conhecimento imediato que temos de nossa vontade e o conhecimento que temos de nosso próprio corpo na intuição do entendimento. A vontade e o corpo nos são dados mediante dois modos completamente diferentes de conhecimento:

e só empiricamente reconhecemos que ambos são unos. A partir do movimento de meu corpo mediante atos da vontade, jamais posso construir *a priori* a figura e a índole desse corpo; mas isso eu o conheço meramente através da intuição do entendimento. E de modo inverso, a partir do conhecimento que tenho no entendimento e em sua intuição da forma e dos movimentos de meu corpo, jamais posso entender causalmente esses movimentos. Nesse conhecimento do entendimento, o corpo me aparece na intuição e na experiência como uma representação intuitiva, um objeto da primeira classe do princípio de razão e, por conseguinte, submetido à lei de causalidade, que, todavia, é revogada e me deixa desamparado em todo movimento arbitrário, não conduzindo a causa alguma. Tudo isso só pode ser concebido justamente pelo fato de entre a vontade e sua aparência não haver relação alguma conforme o princípio de razão, porque o princípio de razão, em todas as suas figuras, vale apenas entre objetos, isto é, entre simples representações: ele é meramente a forma da representação. A ligação entre vontade e corpo é entretanto a ligação entre coisa em si e sua aparência. Precisamente por isso tal ligação não é ulteriormente explanável, porque toda explanação consiste na demonstração de uma relação conforme o princípio de razão, que é o princípio de toda explanação. Eis por que aquela ligação permanece um milagre, embora a todo instante nos esteja presente. *Se nós* em uma simples ação com motivo intuitivo presente, ao mesmo tempo relacionamo-nos na reflexão de modo puramente observacional; então vemos, de um lado, o motivo que é uma mera representação, de outro, a ação que se segue do corpo, que por sua vez também é uma representação: ora, ambos pairariam diante de nós tão inexplicáveis quanto qualquer outra consequência do efeito a partir da causa: mas nesse tipo de causalidade, e em verdade apenas nesse, temos a chave para o interior do acontecimento, como que entramos atrás da cena e sabemos imediatamente qual é o em-si dessa aparência se dando ali em frente no mundo da representação, a saber, é um *querer*: que nos é intimamente conhecido e não admite explanação ulterior alguma, pois explanações só conduzem de representação para representação. Aqui, entretanto, o que nos é dado é algo que não é mais representação, o querer. Esse único caso, no

Metafísica da natureza

Pretensas decisões da vontade que se referem ao futuro são simples ponderações da *razão* sobre o que se vai querer um dia, não atos da vontade propriamente ditos; existem apenas em conceito, *in abstracto*, não são atos reais da vontade, pois apenas a execução estampa a decisão para a realidade, e com isso todo ato da vontade é ao mesmo tempo movimento do corpo. Só para a reflexão o querer e o agir se diferenciam, na efetividade são uma única e mesma coisa. Todo ato propriamente dito, verdadeiro, autêntico da vontade é também de modo simultâneo e imediato um ato que aparece do corpo, e a ação do corpo nada é senão o ato da vontade objetivado e que entrou na intuição: é precisamente o ato da vontade se expondo no mundo da representação. Por isso, vontade e representação esgotam a natureza inteira da realidade. O que pode para mim ser imediatamente mais real do que o movimento de meu braço?: e de fato este não contém nada mais do que vontade e representação: caso eu abstraia o que nele é específico da representação, permanece para mim o ato da vontade desse movimento, que não pode ser remetido a mais nada. Caso eu abstraia o ato da vontade, o que resta existe meramente como representação intuitiva no espaço e no tempo e para um sujeito. Ademais, mostrarei que isso vale para cada movimento, não somente os que se seguem de *motivos*, que nomeamos arbitrários; mas também os que se seguem de simples *estímulos*, os assim chamados involuntários, portanto,

---

qual nos é permitido mais saber dos eventos no mundo real do que aquilo que está contido na representação, temos de reter e usá-lo para esclarecimento da essência em si de todos os demais eventos e aparências; logo, para dizer que isso que se processa em todas as aparências tem de ser algo do mesmo tipo que aquilo que em nós mesmos conhecemos como vontade." (N. T.)

todas as *functionibus naturalibus et vitalibus*:[23] sim, tornar-se-á claro que o corpo inteiro nada é senão a vontade que se tornou objetivada, isto é, para a representação. Antes, entretanto, que eu exponha isso, algumas outras explicitações precisam ser feitas: aqui apenas antecipo e preliminarmente observo que o corpo, o qual no primeiro conjunto de preleções chamei o *objeto imediato*, segundo o ponto de vista unilateral da simples representação ali intencionalmente adotado, agora, de outro ponto de vista, denominarei a *objetidade da vontade*. — Vendo de maneira reversa: toda ação sobre o corpo é simultânea e imediatamente também ação sobre a vontade: chama-se *dor*, caso contrarie a vontade; *bem-estar, prazer*, caso favoreça a vontade. Há muitas gradações aqui. Denominar a dor e o prazer representações é totalmente incorreto. Representações, nelas mesmas, de imediato, são desprovidas de dor ou prazer. Estes, entretanto, são por inteiro afecções imediatas da vontade em sua aparência, no corpo: são um impositivo e instantâneo querer ou não-querer da impressão que o corpo experimenta. Por outro lado, há certas poucas impressões sobre o corpo que não estimulam a vontade, e consideradas imediatamente como simples representações, logo, excluídas do que acabou de ser dito, unicamente mediante as quais o corpo é objeto imediato do conhecer, pois ele, como intuição no entendimento, já é objeto mediato como qualquer outro objeto. Penso aqui nas afecções imediatas dos sentidos puramente objetivos, isto é, direcionadas para o conhecimento, visão, audição, tato, embora só à medida que esses órgãos são afetados segundo seu modo particularmente característico, específico, conforme a natureza, o que envolve uma estimulação

---

23 "Funções naturais e vitais." (N. T.)

Metafísica da natureza

tão excepcionalmente fraca da sensibilidade realçada e especificamente modificada dessas partes, que não afeta a vontade de maneira imediata; mas, sem ser incomodada por estimulação alguma, apenas fornece ao entendimento os dados a partir dos quais ele forma a intuição. Toda outra afecção mais forte ou diferente daqueles órgãos dos sentidos já é dolorida, isto é, contraria a vontade, a cuja objetidade eles também pertencem. — A fraqueza dos nervos exterioriza-se pelo fato de as impressões, que deveriam ter meramente o grau de força que seria suficiente para torná-las *datis*[24] para o entendimento, atingirem o grau mais elevado no qual elas movimentam a vontade, isto é, causam dor ou bem-estar, o mais das vezes dor, que, no entanto, é em parte abafada e insignificante, e assim, por exemplo, sons isolados e luz intensa não apenas são sentidos dolorosamente, mas em geral também originam uma doentia disposição hipocondríaca, e daí uma dor sentida de modo indistinto.

A identidade do corpo com a vontade mostra-se, ademais, no fato de cada movimento excessivo e veemente da vontade — isto é, cada afeto, ímpeto passional — abalar imediatamente o corpo e sua engrenagem interior, e perturbar o curso de suas funções vitais. Assim, o susto torna pálido; o medo faz todos os membros tremerem; a ira veemente amiúde faz o mesmo efeito, o sangue corre para o coração; já a vergonha, por sua vez, faz o sangue afluir para a face. Todos esses afetos são fortes e imediatos movimentos da vontade. Cada afeto faz efeito instantâneo sobre o pulso. A ira acelera a respiração e a fortalece: por isso, propriamente dizendo, na ira até mesmo a voz se torna mais alta, indo até o grito. Respiração ofegante na ira.

---

24 "Dados". (N. T.)

O medo mais veemente e, com mais frequência, a súbita e desenfreada alegria, já a muitos mataram de forma instantânea: eles são as mais fortes convulsões da vontade, destroem sua aparência espacial. Aflição permanente sepulta a vida na raiz. Do mesmo modo, apetite e repugnância se mostram imediatamente como movimentos da vontade: se nos é oferecido um objeto muito nojento, isto é, contra o qual temos a mais veemente aversão e no entanto ele parece ser apresentado para a fruição; então nosso estômago embrulha. Ao contrário, diante de coisas apetitosas, nossa boca se enche d'água. Se nossa lascívia é excitada por imagens picantes, então os órgãos sexuais aumentam. Por fim, dentro desse contexto, está o fato de o poder mais veemente da excitada vontade sobre o corpo como que suprime a lei de causalidade, mostrando efeitos para os quais não se encontram causas físicas suficientes: precisamente porque aqui o não-físico intervém de imediato no que é físico; pode-se até propriamente dizer que a coisa em si perpetra um ataque contra as leis da aparência. Aqui penso, por exemplo, na ira e no furor mais selvagens que intensificam as forças corporais bem além de sua medida natural: *Illustratio*. Em seguida, casos nos quais paralisias incuráveis são suprimidas durante o súbito estímulo extremo da vontade. Assim deve ter o abade de l'Epée conduzido um mudo por toda a França em busca de seu torrão natal: quando lá chegaram, o mudo subitamente falou. — *Die Weise und der Mörder* (de Kotzebue?)[25] deve ter sido baseada em fatos reais.

---

25 Conforme a mais recente edição alemã destas preleções sobre *Metafísica da natureza*, organizada por Daniel Schubbe (Hamburg: Felix Meiner), trata-se da peça de teatro *La vallée du torrent, ou l'orphelin et le*

Metafísica da natureza

Por fim, o conhecimento de minha vontade, por mais imediato que seja, não se separa do conhecimento de meu corpo. Eu conheço minha vontade não no todo, não como unidade, não perfeitamente conforme sua essência; mas só a conheço em seus atos isolados; portanto no tempo, que é a forma da aparência de meu corpo e da aparência de qualquer objeto: por conseguinte, o conhecimento de minha vontade está conectado com o conhecimento de meu corpo. Segue-se daí que não posso representar distintamente esta vontade sem meu corpo. — Antes, com o fito da exposição do princípio de razão em suas quatro figuras, ao repartirmos todos os objetos em quatro classes, dispusemos o sujeito do querer em uma classe especial de representações ou objetos: porém, ao mesmo tempo, observamos nessa classe o diferencial de que nela objeto e sujeito coincidiam, tornavam-se idênticos: essa identidade denominamos naquela ocasião o Inconcebível κατ᾽ ἐξοχήν.[26] Na medida em que eu conheço minha vontade propriamente dizendo como objeto, isto é, como algo situado defronte do sujeito, algo propriamente representado, eu a conheço como corpo: mas então eu me encontro de novo na primeira classe de representações lá antes dispostas, os objetos reais. Na sequência, perceberemos cada vez mais distintamente que essa primeira classe de representações recebe sua elucidação, decifração, apenas através da quarta classe, que propriamente dizendo não mais se encontra defronte ao sujeito como objeto, mas com ele coincide: em correspondência com isso, temos de aprender a

---

meurtrier [O vale da torrente, ou o órfão e o assassino], de Frédéric Dupetit-Méré. (N. T.)

26 "Por excelência".

entender a essência íntima da lei de causalidade que impera na primeira classe, e o que ocorre em conformidade com essa lei, a partir da lei de motivação imperante na quarta classe.

A identidade da vontade com o corpo, até aqui apenas preliminarmente exposta, eu em breve a evidenciarei de maneira mais profunda. Apenas adianto a observação de que essa identidade – que só assim é *comprovada*, isto é, a partir da consciência imediata, a partir do conhecimento *in concreto* – pode ser elevada ao saber da razão e transmitida ao conhecimento *in abstracto*: porém, segundo sua natureza, nunca pode ser demonstrada, isto é, deduzida como conhecimento mediato a partir de outro mais imediato, justamente porque essa identidade é o conhecimento *mais imediato*, e, se não a apreendermos e fixarmos desse modo, em vão esperaremos obtê-la novamente de alguma maneira mediata como conhecimento deduzido. A identidade da vontade com o corpo é um conhecimento de ordem inteiramente diferente, cuja verdade não pode ser incluída sob uma das quatro rubricas em que eu antes reparti as verdades, a saber, em lógica, empírica, metafísica[27] e metalógica. Pois ela não é, como as demais, a referência de uma representação abstrata a uma outra representação, ou à forma necessária do representar intuitivo ou abstrato; mas ela é a referência de um juízo à relação que uma representação intuitiva, o corpo, tem com aquilo que absolutamente não é *representação*, mas algo *toto genere*[28] diferente desta, *vontade*. Gostaria por conta disso de destacar essa verdade de todas as demais e denominá-la *verdade filosófica* κατ᾽

---

27 Em *Sobre a quadrúplice raiz do princípio de razão suficiente*, Schopenhauer denomina a verdade metafísica de transcendental. (N. T.)

28 "Em gênero inteiro". (N. T.)

έξοχήν. Pode-se empregar de maneira variada sua expressão e dizer: "meu corpo e minha vontade são uma coisa só; a vontade é o conhecimento *apriori* do corpo; o corpo, o conhecimento *a posteriori* da vontade; ou, o que eu como representação intuitiva denomino meu *corpo*, por outro lado, denomino, na medida em que estou consciente dele de uma maneira completamente diferente e não comparável a nenhuma outra, minha *vontade*; ou, meu corpo é a *objetidade* de minha vontade; ou, abstraindo-se o fato de que meu corpo é minha representação, ele é apenas minha vontade etc."

4

Problema da essência em si dos objetos dados meramente na intuição do entendimento, e solução preliminar

Quando, na primeira parte do conjunto de nossas preleções, explanamos o próprio corpo, semelhantemente a qualquer outro objeto no espaço e no tempo, como mera representação do sujeito, isso se deu com notável resistência. No entanto, tornou-se para nós claro que na consciência de cada um há algo que diferencia a representação que é o próprio corpo de todas as demais representações, que de resto são totalmente iguais a ele; a saber: que o corpo ainda se dá à consciência de um modo *toto genere*[29] diferente, indicado pela palavra *vontade*, e que justamente esse conhecimento duplo que temos de nosso próprio corpo fornece aquela elucidação sobre ele mesmo, sobre seu fazer-efeito e movimento por motivos, bem como sobre seu sofrimento por ação exterior, em uma palavra, sobre o que ele é não como representação, porém fora disso, portanto *em si*, uma elucidação que de imediato não temos sobre a essência, o fazer-efeito e o sofrimento de todos os demais objetos.

---

29 "Em gênero inteiro". (N. T.)

O sujeito que conhece é indivíduo justamente através dessa referência especial ao próprio corpo, que, considerado fora da mesma, é apenas mais uma representação igual a qualquer outra. No entanto, essa referência especial, em virtude da qual o sujeito que conhece é indivíduo, existe justamente apenas entre ele e uma única de suas representações, por conseguinte, exclusivamente dessa única é que está consciente não apenas como uma representação, mas ao mesmo tempo de um modo todo diferente, como uma vontade. Contudo – caso se abstraia essa referência especial, esse conhecimento duplo e completamente heterogêneo de uma única e mesma coisa –, essa coisa, o corpo, é uma representação igual a qualquer outra. Para orientar-se nesse ponto, o indivíduo que conhece tem de assumir que o característico daquela representação única reside nela mesma; ou na relação do conhecimento com ela. Vale dizer, que aquela representação, seu corpo, é essencialmente diferente de todos os outros objetos, que exclusivamente ele é ao mesmo tempo vontade e representação, já os demais objetos, ao contrário, são meras representações e nada mais, isto é, meros fantasmas, enquanto seu corpo, ao contrário, é o único indivíduo real no mundo, isto é, a única aparência da vontade e o único objeto imediato do sujeito; ou, por outro lado, o indivíduo que conhece tem de assumir que o diferencial daquela representação única reside apenas no fato de seu conhecimento ter essa dupla referência exclusivamente com essa representação única, que apenas nesse objeto intuitivo *único* estão abertos ao mesmo tempo para ele dois modos de conhecimento, sem que isso seja explicável através de uma diferença desse objeto em face de todos os outros, mas apenas através de uma diferença da relação de seu conhecimento com esse objeto único, diversa daquela que tem com os demais objetos.

Metafísica da natureza

Que os outros objetos considerados como meras *representa-ções* são iguais ao meu corpo, isto é, preenchem como ele (ele mesmo possivelmente existente apenas como representação) o espaço e também fazem efeito e sofrem efeito, eis algo demons-trável com certeza a partir da lei de causalidade, válida *apriori* para a representação, que não admite efeito algum sem causa: (*illustratio*) se meu corpo sofre um efeito, então este tem de necessariamente ter uma causa, que eu de imediato intuo como objeto no espaço: essa causa como objeto no espaço é de fato tão real quanto meu corpo; pois justamente seu *fazer-efeito* é seu *ser*. Portanto, através da lei de causalidade e através das afecções que meu corpo experimenta, os objetos têm sua realidade asse-gurada no espaço, não mais que isso: eles são tão reais quanto meu corpo, o que pode ser demonstrado empiricamente com absoluta certeza: mas essa realidade de meu corpo, caso eu o abstraia de sua referência à minha vontade, nada é senão a de uma representação: todavia (exceção feita quando se pode concluir, do efeito, apenas uma causa em geral, não uma causa imediata), então se está aqui sempre ainda no domínio da mera representação, exclusivamente para a qual vale a lei de causa-lidade, que nunca nos deixa ir além desse domínio. *Illustratio.* Que todos os outros objetos, igual ao meu próprio corpo, existem no mundo como representação, preenchem o espaço, fazem efeito, eis algo certo. Se, entretanto, ainda têm um ser fora da representação, como o que é dado em nosso próprio corpo imediatamente à consciência, e se, igual ao nosso pró-prio corpo, são aparências de uma vontade, logo, de uma Von-tade como coisa em si: eis aí (como já dissemos no primeiro conjunto de nossas preleções) o sentido propriamente dito da *questão sobre a realidade do mundo exterior*. Negá-lo é o sentido do *egoísmo teórico*,[30] que, justamente por sê-lo, considera todas as aparências, exceto o próprio indivíduo, como fantasmas; o mesmo o faz o egoísmo prático em termos práticos, ou seja, ele trata apenas a própria pessoa como uma pessoa real, as demais, entretanto, são vistas e tratadas como meros fantasmas. O egoísmo teórico nunca é em verdade refutado por demonstrações: ele foi empregado na filosofia de modo aparentemente sério apenas como sofisma cético, ou seja, como encenação: levá-lo de fato a sério seria um caso de manicômio – – –. Por conseguinte, não nos deteremos nele, mas o olharemos exclusivamente como a última fortaleza do ceticismo, que sempre é polêmico. – Nosso conhecimento está atado à individualidade, e precisamente por isso nela tem sua limitação: é aí que repousa a necessidade de Cada indivíduo ser apenas Um e no entanto poder conhecer todos os seres: essa limitação foi justo a que criou a carência de filosofia. Ora, precisamente devido a isso, empenhamo-nos em ampliar pela filosofia os limites de nosso conhecimento; e assim vemos aquele irrefutável argumento cético do egoísmo teórico como um pequeno forte de fronteira, que não se pode assaltar, porém do qual a guarnição nunca saiu para fora; por conseguinte, pode-se passar por ele e dar-lhe as costas sem perigo. Aqui pela primeira vez se nos tornou evidente que temos

---

30 Marginália de Schopenhauer: "A *seita dos egoístas* nasceu na França logo depois do tempo de *Descartes*: parece, todavia, que teve poucos adeptos: eu pelo menos não conheço nenhum escrito deles. Mas decerto deve ter havido uma tal seita, visto ser citada por muitos escritores. Sobretudo *Buffier* polemizou contra ela em seu tratado sobre os princípios superiores." Schopenhauer, em verdade, cita aqui indiretamente Thomas Reid, *Essays on the intellectual powers of man*, VI, cap.7. (N. T.)

Metafísica da natureza

um duplo conhecimento, dado de dois modos completamente heterogêneos, o do fazer-efeito e o da essência de nosso próprio corpo. Conhecemos a este, de um lado, como representação, igual a todos os outros objetos, de outro, com vontade. Mais adiante fundamentaremos com mais solidez esse conhecimento e o desenvolveremos de forma distinta; em seguida, o empregaremos como uma *chave para a essência de cada aparência na natureza*; na medida em que todos os outros objetos que não são nosso próprio corpo – e, consequentemente, não estão, como este, abertos de modo duplo à nossa consciência, mas apenas lhe são dados de um só lado como mera representação –, nós os julgaremos exatamente conforme analogia com o próprio corpo e assumiremos que, como este, são, de um lado, no todo representação e nesse sentido iguais a ele e, de outro lado, se abstrairmos por completo sua existência como representações do sujeito e a deixarmos à parte, então o que resta, conforme sua *essência íntima*, tem de ser o mesmo que aquilo que denominamos em nós a *vontade*. Pois de que outros elementos deveria o mundo dos corpos ser constituído, e que outra realidade deveríamos atribuir-lhe? De fato, não lhe podemos atribuir realidade maior senão aquela de nosso próprio corpo; pois ele é para cada um de nós o que há de mais real: mas, se analisamos a realidade desse corpo e de suas ações; então nada mais encontramos ali senão vontade e representação: estas esgotam todo o seu ser. Que outra realidade deveríamos então ainda atribuir ao restante mundo dos corpos? Se não o quisermos explicar como mera representação; então temos de dizer que ele, tirante toda representação, portanto em si, é vontade: nada conhecemos além disso e já por falta de quaisquer outros conceitos fomos a isso compelidos. Eu digo "conforme sua *es-*

sência íntima": porém, essa essência volitiva temos de primeiro conhecê-la mais de perto, a fim de não confundi-la com aquilo que pertence à sua aparência, que possui muitos graus:[31] é o caso, por exemplo, do ser-acompanhada de conhecimento e da daqui advinda determinação condicionada por motivos: algo que já não pertence à sua essência, mas simplesmente às mais distintas de suas aparências, nomeadamente o ser humano e o animal, como *suo loco*.[32] Se, pois, eu disser: a força que impulsiona a pedra para a terra é, segundo sua essência e exterior a qualquer representação, vontade; que não me entendam com isso que eu teria dito que a pedra se movimenta segundo um motivo conhecido, já que é assim que a vontade do ser humano aparece. — E no entanto isso, por mais absurdo que pareça, já foi dito por grandes pensadores: chegaram a uma tão estranha afirmação porque tiveram um pressentimento da verdade, a saber, que a essência íntima das coisas é em si idêntica à nossa essência íntima: porém não chegaram à separação entre vontade e conhecimento, não viram que só a vontade é o mais originário, enquanto o conhecimento é simplesmente acrescentado, como sua expressão, em algumas de suas aparências: consideraram vontade e conhecimento como inseparáveis. Por isso, grandes pensadores chegaram à estranha afirmação de que a natureza inorgânica é cognoscitiva. Três exemplos:

1) Kepler, em seu comentário sobre o planeta Marte,[33] diz que os planetas teriam de ter conhecimento, do contrá-

---

31 No original alemão *Grad*, que verti por grau, também no sentido de degrau, para indicar uma escala ascendente ou descendente de complexidade dos seres. (N. T.)

32 "No seu lugar". (N. T.)

33 Provavelmente em *Astronomia nova*. (N. T.)

Metafísica da natureza

rio não poderiam encontrar no espaço vazio de modo tão matematicamente correto suas órbitas elípticas, nem calcular tão precisamente a velocidade do próprio movimento de tal modo que a área do triângulo de sua órbita permanecesse proporcional ao tempo no qual passa por sua base.

2) Baco, em *De augm. sc. Lib. 4 in fine* (Leipzig: Ausg.) pensa que o magneto tem de perceber de certo modo o polo, e o ferro, o magneto, à medida que aquele se dirige a este: a pedra tem de perceber a terra para a qual ela cai.

3) Leibnitz[34] pensa que todos os corpos são constituídos de mônadas, isto é, de seres simples que em si não são extensos, porém *cognoscitivos*, e que a alma humana é uma tal mônada. Nos corpos sem vida elas gerariam no entanto o fenômeno da extensão e todos os fenômenos físicos daí consequentes; entretanto seu conhecimento é sem consciência, é uma espécie de sono; apenas uma mônada central, como a alma, tem, mediante sua feliz situação, consciência.

Da capo,[35] sobre o pressentimento ali da verdade.

Doravante, o que apenas abordamos preliminarmente, queremos trazer a uma maior certeza e clareza.

---

34 *Sic!* (N. T.)
35 "De novo". (N. T.)

5
Demonstração detalhada da identidade do corpo com a vontade

Como essência em si do próprio corpo, como aquilo que este corpo é tirante o fato de ser objeto de intuição, de representação, nós primariamente conhecemos a vontade em movimentos arbitrários, na medida em que tais movimentos nada mais são senão a visibilidade dos atos isolados da vontade, com os quais emergem de modo imediato e simultâneo, constituindo assim com estes uma única e mesma coisa, destes *se diferenciando apenas pela forma da cognoscibilidade* que adquiriram, isto é, ao terem entrado em cena como representação. Doravante, com vistas ao nosso conhecimento mais detalhado da vontade como a *coisa em si* propriamente dita, isto é, da essência mais íntima e verdadeira de todas as coisas, queremos dar o próximo passo, demonstrando que não apenas *as ações do corpo* são as aparências da vontade, mas antes *todo o corpo mesmo* em toda a sua singularidade constitutiva. Para isso, temos de recuar alguns passos, objetivando assim tomar um impulso mais forte.

Intelecção prévia. Caráter inteligível e caráter empírico

Lembremos, como já expus em detalhes, que tempo e espaço são apenas formas da aparência, estranhas à essência em si das coisas. Ao espaço estava necessariamente submetida apenas a intuição exterior. Mas, ao tempo, também a intuição interior. Ora, visto que o tempo, tanto quanto o espaço, é mera forma da consciência do sujeito que conhece, não determinação da coisa em si; então daí também se segue que aquilo que no conhecimento interior de si é determinação do tempo, pertence meramente à aparência, e que, se pudéssemos conhecer nossa própria essência sem aquelas formas do representar, esse conhecimento seria um tal em que a representação do tempo, por consequência também a da mudança, absolutamente não incidiria. No conhecimento mais imediato de si, em que sujeito e objeto coincidem por completo, e forma alguma se dá entre ambos, manifesta-se a nós que aquilo que exteriormente aparece como ação (*Aktion*) do corpo, em si é vontade, ato (*Akt*) do querer.[36] Em cada ato do corpo mostra-se, portanto, a vontade como a essência em si, e a ação do corpo como a aparência. Ora, como todo o querer não se expõe de outro modo senão em uma *série* de tais atos da vontade, portanto em uma sucessão de mudanças, esta porém que é condicionada pelo tempo; então, se queremos conhecer a vontade propriamente como coisa em si, temos também de abstrair dela tudo o que é condiciona-

---

36 Interessante jogo de palavras entre *Aktion* (ação) do corpo e *Akt* (ato) da vontade. É como se graficamente, na língua alemã, Schopenhauer quisesse também mostrar a identidade de ambos.

Metafísica da natureza

do pelo tempo, por conseguinte, toda sucessão, mudança, em uma palavra, toda a decomposição da série de atos da vontade. Em consequência, temos de pensar a vontade, como coisa em si de cada ser humano, fora do tempo, portanto, como um imutável cuja aparência, todavia, expõe-se em uma série de atos volitivos. Se assim é, (*illustratio*) então a série dos atos da vontade, que constitui o decurso de vida de um ser humano, tem de decerto portar traços de que tudo o que nele é mudança pertence apenas à aparência, e que aquilo que nele propriamente aparece é sempre um e, portanto, imutável. Por conseguinte, todo o agir de cada ser humano tem de mostrar uma consequência que indica que a essência íntima dele reside fora do tempo, logo, fora da possibilidade de mudança. Ou seja, todos os seus atos, por mais diversos entre si que sejam, têm de dar sempre o testemunho de que provêm de um *imutável querer-fundamental*, por consequência, têm de portar o mesmo *caráter*. O que assim meramente inferimos, que aquilo que é condicionado mediante a representação do tempo jamais pode pertencer à essência em si, mas apenas à aparência, a experiência confirma. Vemos, com efeito, os mesmos motivos fazerem efeitos totalmente diferentes em seres humanos diferentes: contudo sempre do mesmo modo no mesmo ser humano: e, a partir do que alguém fez uma vez, concluímos que sob iguais circunstâncias fará a mesma coisa. Justamente por isso atribuímos a esse alguém um *caráter*, que desejamos conhecer para, assim, todas as vezes sabermos o que dele devermos esperar. Nós realmente pressupomos que cada pessoa em seu agir exteriorize uma permanente máxima--fundamental; não que esteja consciente desta *in abstracto*, não que esta repouse como resolução em sua reflexão (do contrário seria alterável), mas que é o princípio condutor de todo o seu agir, do qual nunca se afasta. Uma máxima fundamental cuja expressão não são palavras, mas a totalidade do agir e a essência do ser humano mesmo. Nós pressupomos isso, embora saibamos que cada um em cada ação isolada tem a consciência de que também *poderia* agir de maneira completamente diferente, caso apenas *quisesse*, isto é, que seu *querer* unicamente, e em si livre, determinasse seu agir (e aqui não se fala de um poder exterior; porém do querer). Mas vemos esse querer mesmo, em cada um, como algo inalterável que, conforme seu caráter próprio, nunca muda e cujas plenas exteriorizações não se seguem desprovidas de regra, mas irrompem conforme leis a partir da sua fonte, do íntimo querer fundamental do ser humano.

> *Des Menschen Thaten und Gedanken wisst!*
> *Sind nicht wie Meeres blind bewegte Wellen.*
> *Die innre Welt, sein Mikrokosmos, ist*
> *Der tiefe Schacht, aus dem sie ewig quellen.*
> *Sie sind nothwendig, wie des Baumes Frucht,*
> *Sie kann der Zufall gaukelnd nicht verwandeln.*
> *Hab' ich des Menschen Kern erst untersucht;*
> *So weiss ich auch sein Wollen und sein Handeln.*[37]

---

37 "Sabei que os atos e os pensamentos do ser humano,/ Não são como ondas do mar, cegamente movidas!/ O mundo interior, o seu microcosmo, é/ A funda nascente da qual brotam eternamente./ Eles são necessários como o fruto da árvore,/ Nenhum acaso pode metamorfoseá-los./ Se investiguei primeiro o núcleo do ser humano;/ Então conheço também o seu querer e o seu agir." Schiller. *Wallenstein ein dramatisches Gedicht.* "Wallenstein's Tod" [*Wallenstein, uma poesia dramática.* "A morte de Wallenstein"], Ato 2, Cena 3. (N. T.)

De fato, vemos nas próprias crianças que são submetidas a educação no todo igual manifestarem-se os mais diferentes caracteres e, dessa forma, desenvolverem seu curso da vida: pessoas diferentes sob influências no todo iguais permanecem completamente diferentes: as de boa índole mantêm-se de boa índole, as de má mantêm-se de má. *Suo loco*[38] no ensaio sobre a liberdade da vontade. Esse caráter, que é a base imutável de cada ser humano, deve ser conhecido apenas pela experiência, deve ser composto e deduzido a partir de suas ações: não é objeto empírico de conhecimento imediato para si mesmo nem para outrem. Por isso o denominamos, segundo Kant, *caráter empírico*. Aprendemos a conhecê-lo, como no caso das qualidades de cada coisa, e pressupomos também nele, como no caso das qualidades, de imediato a imutabilidade e, como ele uma vez reagiu a motivos recebidos, esperamos que assim sempre reagirá. Nisso se baseia todo conhecimento do que é humano. Apenas a partir do motivo jamais podemos prever o agir. Pois, dado o mesmo motivo, pessoas diferentes agem diferentemente.[39] O conhecimento do caráter por si só também não nos permite predeterminar específica ação individual alguma; pois motivos têm de ocasioná-las. Por melhor que eu conheça uma pessoa, não posso no entanto dizer o que exatamente ela fará hoje; tenho primeiro de saber o que hoje vai lhe suceder. Todavia, se conhecêssemos exatamente o caráter e depois os

---

38 "No seu lugar". (N. T.)

39 Essa crucial frase de Schopenhauer poderia ser formulada em termos matemáticos: Dado o *mesmo* motivo X, as pessoas Y, N e Z reagem de modo y, n e z; ou seja, a partir de um *mesmo* fundamento, seguem-se *diferentes* consequências em diferentes pessoas. (N. T.)

motivos, então teríamos os dois fatores a partir dos quais poderíamos prever sua ação tão segura e precisamente quanto um eclipse. O conhecimento integral de um caráter é muito difícil. Entretanto, notável é esta circunstância: em toda necessidade das ações do caráter jamais encontramos *uma desculpa ali*: mas cada ato é atribuído inteiramente a nós mesmos e a outrem. Estamos a todo momento conscientes de que a ação *de fato* nasce exclusivamente da vontade, e esta não depende de coisa alguma exterior a si: atribuímos a responsabilidade de cada ato isolado, embora ele ocorra em consequência do caráter, de fato por inteiro a cada um e a outrem: pois atribuímos a nós e a outrem o caráter: conhecemo-lo como a aparência da vontade. — Como as exteriorizações do caráter se dão de forma totalmente individual e fragmentada na experiência e o caráter empírico só pode ser inferido daí imperfeitamente; então a unidade e a imutabilidade do mesmo aponta que ele de fato é a aparência de um como que estado permanente da vontade que reside fora do tempo, o que já se segue da referência do tempo como mera forma de aparência à coisa em si. "*Como que estado permanente*" é metafórico. — — — Por isso: se retirarmos do caráter todas as determinações temporais que dependem apenas do conhecimento, então temos conosco mesmos de pensar a vontade do indivíduo como um *ato universal da vontade* que reside fora do tempo e do qual todos os atos que se expõem sucessivamente no tempo são apenas seu aparecimento, sua aparência. A isso Kant denomina *caráter inteligível*. Confira-se sua magistral exposição em *Kritik der reinen Vernunft*.[40] A partir

---

40 Kant, *Kritik der reinen Vernunft.* Leipzig: J. F. Hartknoch, 1799. A 532-558, B 560-586.

Metafísica da natureza

dessa assunção, explica-se a imutável *constância do caráter empírico*: pois este nada é senão o caráter inteligível, a vontade do ser humano propriamente dita como coisa em si intuída na forma que sempre depende de nosso conhecimento, o tempo, e por isso se expondo em uma sucessão de atos da vontade.

A vontade do ser humano como coisa em si, ou seja, separada de tudo aquilo que pertence ao modo como a conhecemos, é não apenas livre do tempo, mas também de todas as outras figuras do princípio de razão, até mesmo da lei de motivação: a Vontade, portanto, deve ser denominada *sem-fundamento*.[41] Pois apenas as aparências estão submetidas ao princípio de razão. Segue-se disso que, em realidade, cada ato empírico conhecido de uma vontade, ato esse que já é aparência cuja forma constante é o princípio de razão, sempre tem um fundamento exterior a si, nos motivos: estes, todavia, nada mais determinam senão o que eu quero *neste* tempo, *neste* lugar, sob *estas* circunstâncias; mas não *que* eu em geral quero, não o *quê* eu em geral quero; isto é, as máximas que caracterizam todo o meu querer. Por isso, meu querer em toda a sua essência não pode ser explanado por motivos; pois estes determinam só sua exteriorização em dado ponto do tempo, são apenas a ocasião na qual minha vontade

---

41 Neste exato momento de sua exposição, Schopenhauer passa a falar de uma vontade presente em toda a natureza, sem exceção. O que acarreta dificuldades para quem o traduz; pois o filósofo, de uma vontade humana, chega a uma Vontade cósmica. Nesse sentido, há a vontade individual, e a Vontade como coisa em si, que é Vontade de vida. Trata-se, em verdade, da astuta estratégia adotada pelo autor para nos convencer de que a chave para a decifração do enigma do macrocosmo encontra-se no microcosmo, isto é, em nós mesmos, no mais profundo interior volitivo de nosso corpo.

se mostra: a vontade *em si* reside fora da lei de motivação: apenas sua aparência em cada ponto no tempo é necessariamente determinada por essa lei. Tão somente sob a pressuposição de meu caráter empírico é que o motivo é fundamento suficiente de meu agir: se, contudo, abstraio meu caráter e pergunto por que eu em geral quero isto e não aquilo; então resposta alguma é possível, justamente porque apenas a aparência da vontade está submetida ao princípio de razão, não a vontade mesma: por conseguinte, esta é *sem-fundamento*. Por isso, ninguém é desculpável de seu crime, nem diante de si nem de outrem, uma vez que o próprio caráter como um tal e os motivos ali estavam: pois os motivos só explanam sob a pressuposição do caráter; e o caráter é a vontade mesma, como coisa em si, não submetida ao princípio de razão: ter este caráter e ter esta vontade é exatamente o mesmo. Os motivos ocasionam meramente a aparência do caráter, o caráter empírico é mera aparência da vontade, a qual não pode ser determinada por nada de exterior a si, visto que ela reside para além do domínio do princípio de razão. — Preliminarmente, podemos por aí ver que o ser-determinado de uma aparência mediante outra, que no presente caso é o agir por motivo, de modo algum coloca em disputa que sua essência em si é a vontade, que como tal não pode absolutamente ter fundamento, na medida em que o princípio de razão em todas as suas figuras é mera forma do conhecimento, estendendo sua validade apenas à representação, isto é, à aparência, à visibilidade da vontade, não à vontade mesma que se torna visível.

A partir da apresentada diferença entre o caráter empírico e o caráter inteligível, resulta que este é a Vontade como coisa em si e, por conseguinte, fora do tempo; já aquele é a aparência deste para o sujeito, logo, nas formas aderidas ao sujeito:

portanto, em uma série de ações no tempo e segundo motivos em conformidade com a lei de motivação. Agora chego ao meu objetivo.

O corpo mesmo é em si vontade

Vimos que cada ação do corpo é a aparência imediata de um ato isolado da vontade; porém, a série completa de meus atos da vontade, aparecendo por motivos, é o caráter empírico, isto é, a aparência no tempo do caráter inteligível, da vontade. Entretanto, acrescento que não apenas *os atos* de meu corpo; mas *ele mesmo* já tem de ser a aparência de minha vontade, pois ele mesmo é a condição indispensável e pressuposição daquelas suas ações nas quais a vontade se objetiva, é seu substrato. Por outro lado, esse aparecer da vontade em atos isolados não poderia ser condicionado por alguma coisa que não dependesse da vontade, e não tivesse sua origem nela, mas sim fosse de origem completamente diferente: pois, do contrário, esse aparecer, não importando a origem que tivesse, seria apenas *casual* em referência à vontade, e o aparecer da vontade dependeria de algo existente por *acaso* para ela, o corpo, e seria, por conseguinte, um aparecer *casual*. Como isso não pode ser assim; segue-se que o corpo mesmo já tem de ser (como primeira condição de sua ação) aparência da vontade. A vontade já tem de se objetivar universalmente na existência do corpo, e em seguida em particular através da ação desse corpo: através da existência do corpo no espaço, através da ação do corpo no tempo. A mesma vontade, ou o caráter inteligível, que o corpo exprime de um só golpe através de sua existência, é expressa através de atos isolados sucessivos, os quais, por assim dizer, são a paráfrase do corpo. Assim como a ação particular do corpo objetiva o ato particular da vontade; assim também o corpo inteiro, conforme sua existência, tem de objetivar o tipo inteiro do querer, a vontade inteira, o caráter inteligível. Assim, o corpo inteiro tem de ter para com minha vontade em geral, para com meu caráter inteligível, exatamente a mesma proporção que cada ação isolada do corpo tem para com o ato isolado da vontade que ela expõe. Por conseguinte, meu corpo inteiro nada tem de ser senão minha vontade que se tornou visível, tem de ser minha vontade mesma, na medida em que esta é objeto de intuição, representação da primeira classe de objetos.[42] Por isso denomino o corpo a *objetidade da vontade*.

Como confirmação de tudo isso que acabei de dizer, recorde-se que todo fazer efeito sobre meu corpo também afeta de imediato minha vontade, e nesse sentido se chama dor ou volúpia, já em menor intensidade se chama sensação agradável ou desagradável; de modo inverso, todo movimento veemente da vontade, portanto, todo afeto, paixão, asco, apetite, de imediato abala o corpo, perturba o curso de suas funções.

Sem dúvida, também é possível fornecer uma abordagem *etiológica*, embora bastante imperfeita, da origem de meu corpo, e melhor ainda de seu desenvolvimento e de sua conservação, justamente pela fisiologia. Só que esta explana seu objeto de estudo exatamente no modo como os motivos explanam o agir; por conseguinte, assim como a fundamentação da ação particular através de um motivo e sua consequência necessária não contradizem o fato de que a ação em geral segundo sua essência é apenas a aparência da vontade em si e sem fundamento, assim também a explanação fisiológica das mudanças no corpo

---

42 Cf. minha n.17. (N. T.)

Metafísica da natureza

pouco compromete a verdade filosófica que a existência inteira do corpo e a série completa de suas mudanças é apenas a objetivação justamente da vontade, que aparece em ações exteriores desse mesmo corpo segundo diretrizes de motivos. A fisiologia não se restringe, em suas explanações, às simples funções vitais e vegetativas, mas procura remeter até mesmo aquelas ações exteriores, os movimentos imediatamente arbitrários, a causas no organismo; o movimento dos músculos: os quais Reil acredita que ocorrem durante o afluxo de humores, que causam contração, como uma corda seca se contrai ao tornar-se úmida. Ora, mesmo que se chegasse algum dia de fato a uma explanação última disso tudo; ainda assim jamais seria suprimida a verdade imediatamente certa que cada movimento arbitrário é aparência de um ato da vontade. Aqui podemos bem notar como a essência íntima nunca jaz na cadeia das causas, não entra nesta, mas toda a cadeia das causas pertence à aparência, este tipo de encadeamento mesmo é a forma da aparência. Tampouco a explanação fisiológica da vida vegetativa, por mais longe que vá, pode suprimir a verdade que essa vida animal que assim se desenvolve é ela mesma aparência da vontade. De modo geral, como mostrei, cada explanação etiológica nada mais pode fornecer senão o lugar necessariamente determinado no tempo e no espaço de uma aparência particular, seu aparecimento necessário ali mesmo, conforme uma regra fixa. Mas a essência íntima de cada aparência permanece por essa via sempre infundada e é sempre pressuposta por qualquer explanação etiológica e é designada através dos nomes força, lei natural, caráter.

Portanto, apesar de cada ação isolada sob a pressuposição de um caráter determinado seguir-se necessariamente do motivo apresentado, e apesar de o crescimento, o processo de alimentação e as mudanças completas no corpo animal se darem segundo causas (estímulos) que fazem efeito necessariamente; mesmo assim a série completa das ações, portanto também cada ação isolada, bem como sua condição, todo o corpo mesmo que a consuma, consequentemente também todo o processo no e pelo qual o corpo subsiste, – não são outra coisa senão a aparência da vontade, o tornar-se-visível, a *objetidade da vontade*. Daí advém a perfeita adequação dos corpos humano e animal em geral com a vontade humana e animal em geral; semelhante, mas superando-a muito, à adequação que um instrumento intencionalmente fabricado tem com a vontade de seu fabricante, aparecendo assim como finalidade, isto é, tem-se a explanabilidade teleológica do corpo. Em um artefato, a vontade do fabricante se objetivou apenas através do médium da representação, logo, mediatamente: no corpo humano (sim, em cada produto natural, como mais adiante veremos), a vontade se objetivou imediatamente. O corpo, por conseguinte, é a imagem vistosa da vontade. Desse ponto de vista, as partes do corpo têm de corresponder perfeitamente às cobiças principais pelas quais a vontade se manifesta, têm de ser a expressão visível dela: dentes, esôfago, canal intestinal são a fome objetivada; os genitais são o impulso sexual objetivado; as mãos que agarram, os braços que se empenham, os pés velozes exprimem intuitivamente de modo já mais mediato o empenho da vontade aos quais correspondem. Assim como a forma humana universal exprime a vontade humana universal, também a constituição física do indivíduo exprime a vontade modificada individualmente, o caráter do indivíduo, a corporificação individual que é absolutamente característica e signifi-

Metafísica da natureza

cativa em todas as suas partes. Daí fisiognomia perfeitamente *sentida*; mas não em conceito.

Agora consideremos, a partir desse ponto de vista, as figuras dos animais em sua inumerável diversidade. Pois o que mostrei do ser humano também vale para os animais: também o corpo do animal é a vontade objetivada do animal que aparece na representação. Assim como é a vontade do animal, assim é seu corpo. A figura e a índole de cada animal são, sem exceção, apenas a cópia da espécie de seu querer, a expressão visível dos empenhos da vontade que constitui seu caráter: toda a sua organização é precisamente adequada a este; e a diversidade de suas figuras é a mera imagem da diversidade de caracteres das espécies animais. Os animais predadores orientados para a luta e a caça, leões, tigres, hienas, lobos, aí estão com temíveis armas de ataque, dentes e mandíbulas assustadores, garras para assaltos violentos, músculos extremamente fortes. A mandíbula do tubarão, as garras da águia, a bocarra do crocodilo já não testemunham o que esses animais querem e para que estão ali? – Por outro lado, os animais medrosos, cujo comportamento não é caracterizado por procurar a segurança na luta, mas antes pela fuga, são pobres em armas, todavia com pés velozes e corpos leves, o veado, a corça, o coelho, a gazela e a camurça e todos os incontáveis seres inofensivos, que não devoram outros seres, mas podem muito bem serem devorados; o mais medroso de todos, o coelho, com grandes orelhas pontudas, para escutar mais apuradamente. Outros, que não devoram ninguém, por conseguinte não querem atacar, e na necessidade não têm garras nem mandíbula de predador para defender a própria pele, têm, no entanto, chifres e cascos como arma de defesa: os touros, os carneiros-de-dall e os íbex, os cavalos que em uma emergência, caso os lobos se aproximem, se postam de cabeça em formação e dão coices para assim se defenderem dos lobos. Outros são dotados do tipo mais passivo de defesa, uma espécie de armadura: tatus, pangolins, tartarugas, ouriços, porcos-espinho, caracóis, mexilhões: a lula sépia é dotada de uma tinta para sua defesa. *Illustratio*. E seus corpos são particularmente modificados não apenas com vistas ao ataque e à defesa, mas, sem exceção e segundo singulares e incontáveis modificações do empenho, também à forma de vida e ao propósito natural deles: daí o sem-número de figuras. Onde se pode encontrar, em um animal qualquer, uma contradição entre seu empenho, sua vontade e seu organismo? Animal medroso algum possui armas e nenhum animal audaz e combativo é desprovido delas. Sempre existe a mais perfeita harmonia entre a figura e a vontade: o que comprova precisamente meu princípio que o corpo e a vontade são um só; o originário e primeiro é a vontade, todavia, na medida em que se objetiva, em que se torna representação, chama-se corpo. Que tudo isso seja realmente assim, que o essencial e originário seja a vontade e apenas por isso o corpo lhe corresponda tão exatamente, porque este é meramente sua cópia (e não ao contrário, que a vontade do animal se exprima exatamente de uma tal maneira porque o instrumento que ele *encontra*, o corpo, tem exatamente tal índole, e a vontade então se acomoda às circunstâncias), disso é um símbolo seguro o seguinte fato especial. Em alguns animais, que ainda não cresceram, exterioriza-se o empenho da vontade, para cujo serviço é destinado um membro especial, antes mesmo que o membro esteja disponível nesses animais, ou seja, o uso desse membro antecede sua existência. Citem-se jovens carneiros, cabras, bezerros, que já chifram antes que lhes nasçam os chifres, com os quais

Metafísica da natureza

intentam chifrar. Vemos por aí que a vontade não é uma coisa a mais, que move instrumentos que encontra, que usa as partes do corpo porque justamente as encontra ali e não outras; mas o que há de originário é o empenho em defender-se dessa forma, que se expõe e se exprime tanto no uso quanto na existência das armas: nesse caso, então, casualmente a expressão do uso das armas antecede a existência real delas: as armas são adicionadas porque ali existe o empenho para esse tipo de defesa; e não o contrário, que se apresente o empenho para esse tipo de defesa justamente porque ali existem as armas. Portanto, o carneiro não chifra porque tem chifres; mas porque ele é um tal, que quer chifrar, adquire chifres. O jovem porco javali rosna para os lados, mesmo sem marfim algum que poderia realizar o efeito intentado. Se ele orientasse seu modo de defesa segundo a arma que encontra, então morderia com pequenos dentes, que de fato já tem no focinho. Portanto, o jovem javali não luta por intermédio de seu marfim porque possui este; mas, ao contrário, porque nele a vontade é disposta assim e não de outra forma com vistas à defesa, é que nele cresce o marfim. Mais observações sobre o assunto encontrais em *De usu partium animalium*, de Galeno, Lib. I, *initio*.[43] Outra observação que em parte cabe no que acabei de expor, e que depois retomarei, é esta: as armas que defendem os animais de seus perseguidores e servem para sua conservação, e ainda as técnicas mediante as quais preparam para si proteção e alimentação, como a arqui-

---

43 Em verdade, *De usu partium corporis humani* [Sobre o uso das partes do corpo humano]. Schopenhauer interessantemente, seguindo sua orientação filosófica não antropocêntrica, trocou o termo "humano" por "animal". (N. T.)

tetura dos pássaros, a das abelhas, a do castor, a do hamster, a república das formigas e semelhantes, tudo isso neles pertence à objetivação imediata da vontade, sem intermediação do conhecimento: já as armas e as técnicas do ser humano, ao contrário, só são manifestadas por sua vontade através da intermediação do conhecimento, que tem de ser um conhecimento racional, uma reflexão. Na medida em que a vontade do animal se expõe e se objetiva imediatamente em seu corpo, então, quando essa vontade implica a tendência para a luta, também automaticamente existem as armas como partes do corpo e assim pertencem *imediatamente* à objetivação da vontade. Assim também os impulsos industriosos (adiante falarei mais deles) emergem imediatamente da vontade, não são guiados pelo conhecimento, porém a partir da vontade cega, chamada ímpeto, e é por ali que o animal constrói sua obra de arte: logo, também essas obras dos animais são exteriorizações imediatas da vontade. No ser humano, ao contrário, tudo é intermediado pelo conhecimento, que nele é mediato, refletido, conceito, razão, λόγος. Por isso ele não tem arma natural alguma; mas tem a faculdade de razão e as mãos por meios das quais dispõe de armas tão temíveis, que a subjugação de todos os animais é para ele uma brincadeira. Ademais, ele não tem, como os animais, algum tipo de armadura natural, carapaça, arma de defesa: mas pode, mediante a razão, cobrir-se, blindar-se, armar-se, entrincheirar-se. Em vez de cego impulso industrioso que faz efeito, ele tem ponderadas técnicas e artes. Eis por que Galeno diz que "a mão é o instrumento dos instrumentos όργανον πρό οργάνων, e a razão, a arte das artes ό λόγος τέχνη προ τεχνών". Ele observa, ainda, que Aristóteles censurou bastante corretamente Anaxágoras, pois este diz que o ser humano possui razão porque possui mãos, para, contrariamente,

Metafísica da natureza

afirmar o inverso: porque o ser humano possui razão, ele também possui mãos. – Veremos mais adiante a forma pela qual o conhecimento é produzido pela vontade como um meio de ajuda, μηχανή, de sua objetivação nos graus já mais elevados de animalidade: e, como no grau mais elevado, que é a humanidade, a vontade como que duplica esse μηχανή, e assim dá ao ser humano um duplo conhecimento, ao acrescentar ao conhecimento intuitivo, o abstrato, a reflexão. Antecipando um tópico relacionado ao modo como a natureza concede armas e técnicas tanto ao animal quanto ao ser humano, digo o seguinte: depois que a vontade, para sua objetivação, já obteve o mais elevado e último meio de ajuda, que é o conhecimento refletido, seria supérfluo e ao mesmo tempo inapropriado que ela ainda quisesse acrescentar meios de ajuda mais simples e unidirecionais e quisesse dotar o ser humano também com armas naturais e impulsos industriosos. Tudo isso é desnecessário assim que a razão passa a existir: para a realização de seus pensamentos, o ser humano precisa apenas da mão como instrumento natural, que então, de maneira consequente, ajusta-se nele, ao contrário de todas as outras armas naturais.

6

Aplicação dessa intelecção a toda a natureza com vistas ao conhecimento da essência em si de qualquer aparência

Assim, à medida que elevamos aquilo que cada um sente, ao conceito, ao saber *in abstracto*, alcançamos o conhecimento de que nossa própria aparência – que, como representação, se nos apresenta como ação e, como o substrato permanente dela, como corpo humano – é, conforme sua essência em si, *vontade*. Essa vontade é o mais imediato em nossa consciência e, como tal, não se dá integralmente na forma da representação, na qual sujeito e objeto se contrapõem, mas sim eclode de uma maneira tão imediata que não mais se diferencia distintamente objeto e sujeito, mas ambos coincidem na identidade de um eu. A vontade no entanto jamais entra inteira e em sua totalidade no conhecimento, mas apenas em atos volitivos isolados; logo, na sucessão que a forma do tempo traz consigo.

Esse conhecimento, de que a vontade e o corpo são propriamente um só, de que aquilo que em si é vontade se expõe como aparência de um corpo vivo e funcional, é um conhecimento que temos de reter fixamente: pois apenas ele nos dá a *chave para a essência de toda a natureza*. A saber, temos de transmiti-lo também para todas aquelas aparências que não nos são dadas e conhecidas duplamente como nossa própria aparência, vale dizer, em conhecimento imediato e mediato; mas nos são dadas apenas de uma forma, apenas unilateralmente, a saber, apenas como representação. Cada um (que apenas deixe de lado o egoísmo teórico e não se separe de todo conhecimento) julgará antes de tudo que todas as aparências que, como representações, são totalmente iguais à sua própria, também são em sua essência íntima totalmente iguais à sua própria: logo, reconhecerá não só a essência de seu próprio corpo, mas também a essência de todo corpo humano, como vontade, como aquilo que lhe é conhecido bastante imediata e precisamente. Em seguida, transmitirá isso, primeiro, aos animais. — Mas a reflexão continuada também o conduzirá depois a ver que a força que impulsiona e vegeta na planta é, conforme sua essência íntima, idêntica com aquilo que é a essência de seu próprio corpo vegetativo e de suas ações — vontade. A mesma essência íntima cada um a conhecerá de novo também na força que forma o cristal de gelo; na força que gira permanentemente a agulha magnética para o Polo Norte; na que irrompe do choque de metais heterogêneos (eletricidade galvânica); na força que aparece nas afinidades eletivas de materiais como atração e repulsão, união e separação; sim, até mesmo na gravidade, que atua tão poderosamente em toda matéria, atraindo a pedra para a terra e a Terra parra o sol. Veremos, portanto, que todas essas forças são diferentes apenas na aparência, porém segundo sua essência são uma única e mesma coisa, são aquilo que nos é conhecido da maneira mais imediata, segura e precisa do que qualquer outra coisa, e que, ali onde se manifesta da maneira a mais perfeita, chama-se *vontade*. Todos esses passos nós ainda os destacaremos um após o outro e investigaremos em que sentido a essência em si de todas as aparências no mundo é idêntica com nossa essência mais íntima que conhecemos como vontade. Meu método é primeiramente fornecer uma visão panorâmica geral, para que me vejam aonde quero chegar; em seguida, considerar as coisas no particular: semelhante a alguém que do topo da montanha primeiramente abrange a ampla paisagem, para depois nela descer. Essa aplicação da reflexão é a chave da metafísica: é a única que não nos abandona mais na aparência, mas a transpassa levando-nos para a *coisa em si*.

Aparência se chama representação, e nada além disso. Todo objeto é representação e toda representação, já enquanto tal, é mera aparência. – *Coisa em si*, entretanto, é unicamente a vontade. Enquanto tal, a vontade absolutamente não é representação, mas algo *toto genere*[44] diferente desta. Ela é aquilo em virtude do que toda representação, todo objeto, a aparência, a visibilidade, é a *objetidade*. A vontade é o mais íntimo, o núcleo de cada parte, bem como do todo: ela aparece em cada força natural que atua cegamente: ela também aparece no agir ponderado do ser humano: a grande diversidade desses dois concerne apenas ao grau do aparecimento, não à essência do que aparece. Agora, passemos ao conhecimento mais detalhado e distinto disso tudo, passo a passo.

---

44 "Em gênero inteiro". (N. T.)

7
Determinação do conceito de vontade em seu uso como conceito fundamental da metafísica

Sobre o conceito de vontade

Como dissemos, a coisa em si, o tema da metafísica, é a vontade; sendo assim, agora então temos de, como primeira tarefa, tornarmos bem distinto aquilo que pensamos com esse conceito de vontade, o que por ele propriamente entendemos.

A essência íntima, a *coisa em si* não pode enquanto tal de modo algum ser objeto. Pois todo objeto já é aparência. Se, todavia, quiséssemos falar dela e pensá-la objetivamente, ela teria de emprestar nome e conceito de algum objeto dado de certa forma objetivamente: por consequência, de um de seus aparecimentos. Este, contudo, em apoio à compreensão, não poderia ser outra coisa senão o mais prefeito dentre os aparecimentos dessa *coisa em si*, isto é, o mais nítido, o mais desenvolvido, *imediatamente* iluminado pelo conhecer, imediatamente dado ao conhecimento e, por conseguinte, mais próximo de nós do que qualquer outra coisa. Tal aparecimento é exatamente a *vontade* humana. Todavia, esse termo é, propriamente dizendo, apenas uma *denominatio a potiori*:[45] mediante a qual o conceito de vontade adquire uma maior envergadura do que a tida até então. – Ora, Platão diz que a condição fundamental para o filosofar é justamente conhecer o um e idêntico em aparências diferentes e, então, o diferente em aparências semelhantes. Por isso temos de muito ampliar os conceitos e as denominações até o ponto em que vejamos o um e o mesmo estender-se pelas aparências. – Até hoje, ninguém reconheceu que a essência de cada força que faz efeito ou se empenha na natureza é em si exatamente aquilo que, em nós, manifesta-se como vontade: por conta disso, todas aquelas forças que fazem efeito e se empenham no ser humano, no animal, na planta e nas diferentes aparências inorgânicas não foram vistas como *species* de *um genus*, mas consideradas essencialmente heterogêneas. Daí inexistir palavra para designar o conceito desse *genus*. Por isso, escolho para a denominação do *genus* o nome da *species* mais excelente, vontade; precisamente porque apenas dessa *species* temos um conhecimento imediato presente o mais próximo de nós, através do qual devemos alcançar o conhecimento mediato de todas as demais *species*. Disse que o conceito de vontade adquire com isso uma maior envergadura. Em consequência, estaria sempre em uma renovada incompreensão quem não fosse capaz de levar a bom termo a aqui por mim desenhada ampliação do conceito de vontade; mas, com essa palavra, quisesse pensar apenas a *species* que até agora ela designou, a saber, a vontade conduzida pelo conhecer e movida exclusivamente segundo motivos, ou ainda apenas a vontade que se determina sob condução da razão segundo motivos abstratos; vontade essa que, como disse, é

---

45 Denominação segundo o mais distinto, o mais perfeito. (N. T.)

Metafísica da natureza

apenas *o aparecimento mais distinto* da vontade, logo, apenas uma *species*. Doravante temos de separar de maneira pura no pensamento a essência mais íntima e imediatamente conhecida desse aparecimento, para em seguida transmiti-la a todas as aparências mais débeis e indistintas da mesma essência: com isso, consumamos a pretendida ampliação do conceito de vontade.

Mas também me compreenderia mal quem, do modo contrário, pensasse que é indiferente se se designa aquela essência em si de cada aparência, vontade ou qualquer outra palavra. Esse seria o caso se aquela coisa em si fosse algo cuja existência a gente meramente deduzisse e, assim, a conhecêssemos só de modo mediato e meramente *in abstracto*: então se poderia denominá-la como bem se quisesse: pois o nome estaria ali apenas como se fosse um *x*. Contudo, a palavra vontade de modo algum designa uma grandeza desconhecida, algo alcançado só por silogismos; mas, ao contrário, designa algo que é conhecido imediatamente, que conhecemos tão bem e nos é tão familiar que sabemos e compreendemos melhor o que é vontade do que qualquer outra coisa, seja o que for: exatamente por isso, esse conceito de vontade, haurido da fonte de nossa essência mais íntima, pode tornar-se uma chave para abrir a essência mais íntima de cada coisa na natureza. Até hoje subsumiu-se o conceito de *vontade* sob o conceito de *força*. Eu faço exatamente o contrário: quero poder pensar cada força na natureza como vontade. Não pensem que se trata aqui de uma discussão em torno de palavras, algo trivial: antes se trata de assunto da mais elevada significação e importância. Pois, ao conceito de força subjaz, como a todos os conceitos, em última instância a representação intuitiva, o conhecimento do mundo objetivo: este, todavia, é justamente aparência, representação. *O conceito de força é* abstraído do domínio no qual causa e efeito imperam, isto é, do domínio da aparência: pois ele significa precisamente o ser-causa da causa, ponto este em que nada é mais explanável etiologicamente e no qual se encontra precisamente a pressuposição de toda explanação etiológica. *Illustratio.* Por outro lado, o *conceito de vontade* é o único, dentre todos os conceitos possíveis, que não tem sua origem na aparência, na simples representação intuitiva; mas na consciência a mais imediata de cada um, em que cada um conhece o próprio indivíduo segundo sua essência sem qualquer forma, até mesmo sem a forma de sujeito e objeto, visto que aqui quem conhece coincide com o que é conhecido. Por conseguinte: se remetemos o conceito de força ao conceito de vontade; então, de fato, remetemos algo desconhecido a algo infinitamente mais conhecido, sim, àquilo que unicamente nos é efetiva e imediatamente conhecido de maneira completa e, assim, ampliamos exponencialmente nosso conhecimento. Se, ao contrário, com ocorreu até hoje, subsumimos o conceito de *vontade* sob o de *força*; então renunciamos ao único conhecimento imediato que temos da essência do mundo, na medida em que o dissipamos em um conceito abstraído da aparência, com o qual jamais podemos ir além da aparência.

Sobre minha doutrina de que a vontade é a coisa em si metafísica, é a essência íntima de todas as coisas que aparecem, tenho ainda de dar a seguinte precisa explanação, que tem de ser levada em conta para que eu seja compreendido a fundo; contudo, apenas pode levá-la em conta quem me seguir com a maior atenção e o maior esforço da própria sagacidade.

A vontade, tal como a encontramos e percebemos em nós, não é propriamente a *coisa em si*. Pois essa vontade entra em nossa consciência meramente em isolados e sucessivos atos

Metafísica da natureza

voluntários: estes, portanto, já estão na forma do tempo e, por conseguinte, já são aparência. Essa aparência, no entanto, é *a manifestação mais distinta*, o tornar-se-visível mais distinto *da coisa em si*, porque, de maneira completamente imediata, está iluminada pelo conhecimento, objeto e sujeito coincidem aqui completamente, e aqui a essência que aparece não assumiu outra forma senão exclusivamente a do tempo.

Em cada entrada em cena na consciência de um ato da vontade a partir da profundeza de nosso interior, acontece uma transição por completo originária e imediata da coisa em si (que reside fora da cognoscibilidade e fora do tempo) para a aparência. Nesse sentido, se denomino a coisa em si *vontade*; então isso é em verdade apenas a denominação da coisa em si propriamente dita através da mais distinta de suas aparências; porém, justamente porque a vontade é a aparência mais imediata da coisa em si, segue-se manifestamente daí, *que*, se todas as demais aparências da coisa em si nos fossem trazidas precisamente tão próximas quanto nossa vontade, logo, se seu conhecimento fosse elevado ao mesmo grau de distinção e imediatez que o de nossa vontade, então elas precisamente se exporiam também como aquilo que *em nós* é a vontade. Esse é o ponto principal. Por isso estou autorizado a dizer que "a essência íntima em cada coisa é vontade"; ou "vontade é a coisa em si", com o acréscimo de que isso é apenas *denominatio a potiori*, isto é, aqui designamos a coisa em si com um nome que ela empresta da mais distinta de suas aparências, porque remetemos todas as outras, como mais débeis e indistintas, a esta. Por consequência, preservo o princípio de Kant de que a coisa em si não é cognoscível, porém o modifico, vale dizer, a coisa em si não é cognoscível *de modo absoluto*: em outros termos, eu mostro, entre todas as aparências da coisa em si, qual é mais imediata e distinta, e mostro que as outras se diferenciam desta tão somente através do grau menor de cognoscibilidade e através de mais mediatez. Desse modo, remeto todo o mundo das aparências a uma única delas, na qual a coisa em si entra em cena da maneira mais imediata, embora nós, também aqui, em sentido mais estrito, ainda tenhamos apenas uma aparência diante de nós. Por isso sempre ainda pode ser levantada a questão, *o que é em última instância a Vontade em si?*, isto é, o que é ela, tirante o fato de que ela se expõe como vontade, ou seja, tirante o fato de que ela aparece em geral, logo, é *conhecida, representada* em geral? Essa questão manifestamente *jamais* poderá ser respondida: visto que o vir-a-ser-conhecido já contradiz a noção de coisa em si, e tudo o que vem a ser representado já é aparência. Ora, a partir da possibilidade dessa questão, fica bastante evidente que a coisa em si, da qual nunca poderemos conhecer mais distintamente do que quando a conhecermos como *vontade*, fora de toda possível aparência ainda deve e pode ter determinações, características e tipos de existência que nos são absolutamente inapreensíveis e incognoscíveis. Essas características devem então justamente constituir a existência da coisa em si após esta livremente suprimir-se como vontade, com o que, então, também o mundo inteiro das aparências é suprimido, o que, para nós – cujo conhecimento nada apreende senão o mundo possível das aparências – se expõe como uma transição para o *nada* (assunto este que será objeto da última de nossas considerações). Se a vontade fosse pura e simplesmente a coisa em si; então tal nada seria um nada absoluto: mais adiante, no entanto, veremos que ele é apenas um nada relativo. No momento ainda não podeis entender isso, mas talvez recordareis disso quando chegarmos ao fim.

8

Consideração da vontade como coisa em si e das características metafísicas que lhe são inerentes (unidade, sem fundamento, desprovida de conhecimento)

Ora, como encontramos a vontade como a *coisa em si*, queremos chamar a atenção para o fato de que ela, como tal, é completamente livre de todas as formas da aparência: estas dizem respeito apenas à sua *objetidade*, à sua aparência, porém as formas da aparência são para a própria vontade completamente estranhas. Até mesmo a forma mais geral de toda representação, sujeito e objeto, não lhe concernem, muito menos as formas subordinadas a estas e que têm sua expressão comum no *princípio de razão*: ao qual pertencem também tempo e espaço, conseguintemente também a *pluralidade*, que só é possível através destes. Lembremos que a relação recíproca de tempo e espaço, que estabelece a *possibilidade da pluralidade*, foi por mim denominada *principium individuationis*.

Como coisa em si, então, a vontade reside fora do domínio inteiro das figuras todas do princípio de razão: por isso ela é *sem fundamento*;[46] embora cada uma de suas aparências esteja

---

46 No original alemão, *grundlos*. Ora, o "princípio de razão" se escreve nesta língua *Satz vom Grund*; logo, dizer que a vontade é *grund-los* é

absolutamente submetida ao princípio de razão. Observemos o que isso traz consigo: por exemplo, da vontade não se pode perguntar qual a causa de sua existência – ou qual seu propósito; ou qual seu princípio, seu fim, e coisas semelhantes. Além disso, ela é livre de toda *pluralidade*; mesmo que sejam inumeráveis suas aparências no espaço e no tempo. Ela, em verdade, é una: todavia, não como um objeto é uno, cuja unidade é conhecida e subsiste apenas em oposição à pluralidade possível; muito menos o é como um conceito é uno e que se originou apenas através de abstração da pluralidade: mas é una como aquilo que reside exteriormente ao *principio individuationis*, isto é, fora da possibilidade de pluralidade. Só quando tudo isso se nos tornar perfeitamente evidente através da consideração das aparências e das diferentes manifestações da vontade é que entenderemos plenamente o que primeiro Kant ensinou: "Espaço, tempo e causalidade não cabem à coisa em si, mas são meras formas de nosso conhecimento dela, isto é, da aparência". Ora, nós também efetiva e imediatamente conhecemos a *natureza sem fundamento* da vontade lá onde ela se manifesta da maneira mais distinta como vontade do ser humano, tendo sido neste caso denominada livre e independente. Na medida em que se diz "a vontade é livre"; então, propriamente dizendo, o que se afirma é que "em relação a ela não vale o princípio de razão, que é o princípio de toda necessidade" e, com isso, visto que toda aparência tem como forma o princípio de razão, afirma-se também que "a vontade não é aparência; ela é a coisa em si; pois para a vontade não valem as leis da aparên-

---

o mesmo que dizer que ela é sem fundamento, no sentido de "sem razão". (N. T.)

cia". Contudo, não se sabia até hoje traçar as fronteiras entre a vontade, na medida em que ela é propriamente coisa em si, e sua aparência. Por isso, sobre essa liberdade, sobre essa natureza sem fundamento da vontade mesma, perdeu-se de vista a necessidade à qual em toda parte está submetida sua aparência. Por consequência, explanaram-se os *feitos* como livres, o que eles não são; visto que cada ação particular se segue com rigorosa necessidade, do efeito do motivo sobre o caráter: semelhante ao efeito mecânico a partir de sua causa: pois os dois casos são aparências da vontade. Lembremos que toda necessidade nada é senão a relação da consequência ao fundamento. Ademais: o princípio de razão é a forma universal de toda aparência: como qualquer aparência, também o ser humano tem de, em sua conduta, estar submetido ao princípio de razão. Entretanto, visto que a vontade se anuncia *imediatamente* em sua natureza mais característica à consciência de si, contudo como coisa em si não está submetida ao princípio de razão, então nessa consciência da vontade reside também a consciência da liberdade. Todavia, perde-se aí de vista que o indivíduo, a pessoa, não é Vontade como coisa em si, mas já *aparência* da vontade e, enquanto tal, já determinado e tendo entrado na forma da aparência, o princípio de razão. Daí advém o fato notável de cada um considerar e sentir *apriori* a si mesmo como inteiramente livre, até mesmo em suas ações isoladas, e pensa que poderia a todo instante começar um outro decurso de vida, o que equivaleria a tornar-se uma outra pessoa. Porém, *aposteriori*,[47] através da experiência, percebe, para sua surpresa, que não é livre, que está submetido à necessidade, percebe que, apesar de todos os propósitos

---

47 *Sic!* (N. T.)

e todas as reflexões, não muda sua conduta[48] e desde o início até o fim de sua vida é conduzido pelo mesmo caráter, por ele próprio às vezes execrado e, por assim dizer, tem de desempenhar até o fim o papel que lhe coube. *Suo loco*.[49] Queria aqui apenas observar que, embora a vontade em si seja sem fundamento, sua *aparência* no entanto está submetida à lei universal de toda necessidade. Justamente por isso, a necessidade com que as aparências da natureza se seguem umas às outras não pode ser obstáculo para reconhecer-se nelas as manifestações da vontade; muito menos, como mais adiante, a certeza de que a vontade que é a coisa em si e enquanto tal livre não pode ser obstáculo para reconhecer-se a necessidade da conduta quando são dados motivo e caráter empírico. A terceira característica metafísica da vontade é a ausência de conhecimento. Isso se infere facilmente. Pois todo conhecimento é representação, toda representação, aparência, não coisa em si: sujeito e objeto, quem conhece e o que é conhecido, existem apenas no domínio da representação. Portanto, a Vontade como coisa em si não é quem conhece nem o que é conhecido. No instante em que quem conhece e o que é conhecido existem, já existe também a sua aparência. Porém, mesmo em sua aparência, não é toda aparência que é ao mesmo tempo sustentáculo do conhecimento, ou imediatamente iluminada pelo conhecimento: só nos graus mais elevados da entrada em cena da vontade na aparência é que

---

48 Conforme o editor alemão da *Metafísica da natureza*, Daniel Schubbe, ao lado dessa passagem encontra-se a observação de Schopenhauer: "As três características metafísicas da vontade são todas negativas: o que tem predicado positivo é a representação, logo, a aparência. A unidade da vontade é, propriamente dizendo, inumerabilidade".

49 "No seu lugar". (N. T.)

Metafísica da natureza

se origina o conhecimento. Portanto, muitas das aparências da vontade são desprovidas de conhecimento. Queremos, em um capítulo especial, considerar a relação entre as aparências da vontade e o conhecimento ou a representação.

9

Consideração da aparência da vontade como independente do conhecimento, e a esse respeito demonstração da aparência da vontade em sequência descendente de graus por toda a natureza

Até agora se viu como aparências da vontade apenas aquelas mudanças que não têm outro fundamento senão um motivo, isto é, uma representação: pensa-se aqui nas ações: daí ter-se atribuído na natureza somente ao ser humano uma vontade e, eventualmente, aos animais: pois conhecer ou representar é decerto o caráter estrito da animalidade. Nós, entretanto, queremos demonstrar a vontade também como a essência íntima das aparências da natureza *desprovidas de conhecimento*, que se movimentam não segundo motivos, mas segundo estímulos simples e causas no sentido estrito do termo. Nesse sentido, então, *percorreremos toda a natureza em sentido descendente*. Que no comportamento do ser humano e do animal esteja ativa a vontade, ninguém duvida. Iniciaremos, portanto, lá onde, nessa série, a vontade primeiro se exterioriza sem conhecimento, embora deste bastante próxima, decerto sem ser por ele guiada, mas ainda assim por ele clareada: em seguida acompanharemos a vontade grau por grau em sentido descendente até a natureza inorgânica, sem vida. — Antes de tudo temos de demonstrar que o querer e o conhecer não são absolutamente inseparáveis, que o querer não é condicionado pelo conhecer; mas que também há um querer desprovido de conhecimento.

Impulso dos animais

Que a vontade também atue lá onde não é guiada nem determinada por conhecimento algum, isso o vemos sobretudo no *instinto* e no *impulso industrioso dos animais*, os quais passaremos agora a considerar. Os animais têm representações e conhecimento: porém, em seus impulsos industriosos não são guiados por representações: seu comportamento ali transcorre por vontade, mas não conforme representações; pois o fim para o qual atuam exatamente assim, como se ele fosse o motivo que os guia, não é por eles de modo algum conhecido: eis por que seu agir, considerado no todo, acontece aqui totalmente sem motivo, não é guiado por representação, mostrando-nos primeiro e da maneira mais distinta como a vontade também é ativa sem conhecimento algum. O pássaro de um ano não tem representação alguma dos ovos para o qual constrói um ninho; nem a jovem aranha, da presa para a qual tece uma teia; a formiga-leão; o escaravelho. Se uma colmeia de abelhas é invadida por um inimigo, por exemplo um caracol, este é por elas morto: porém o cheiro do cadáver empestearia o ar (as abelhas têm olfato bastante aguçado); ora, como não têm força para atirá-lo fora, então o embalsamam: o revestem com uma certa resina, com a qual elas procuram colar as fendas e as lacunas da colmeia, e assim ele é isolado do ar e consequentemente da decomposição para que não se torne infesto: quantas ponderações racionais parece pressupor esse procedimento! para as quais, contudo, faltam às abelhas tanto os dados quanto a capa-

Metafísica da natureza

cidade. O instinto atua aqui semelhantemente ao agir conforme um conceito de fim, porém no todo sem um tal conceito. O caminho para a correta intelecção da índole *do instinto e do impulso industrioso dos animais* foi primeiro trilhado há sessenta anos pelo professor de Hamburgo Herman Samuel Reimarus, também famoso por sua lógica. Seu livro *Über die Triebe der Thiere*[50] é altamente digno de leitura e ademais otimamente desfrutável, embora tenha sido publicado em 1760.[51] Esse livro prova que o que é autêntico, bem pensado, assentado em boas razões sempre conserva seu valor: ao contrário, as fanfarrices, as obras de cabeças de vento, as afirmações apanhadas no ar e transmitidas em tom de infalibilidade e como que *ex tripode*[52] servirão de zombaria dos próximos decênios. Antes da obra de Reimarus, tinha-se sobre o impulso industrioso dos animais duas noções completamente falsas. A saber, uma, atribuía aos animais, segundo um plano e um objetivo elevados, efetivamente um agir conforme conceitos de fim, logo, ponderações, raciocínios. Isso é manifestamente impossível, o que já se deixa esclarecer a partir do fato de, para se empregar ponderação e razão, caso se as tenha, é preciso ter uma experiência prévia, um conhecimento prévio da existência e da índole de objetos empíricos. Porém os animais agem com uma finalidade e com um plano em relação a objetos empíricos que eles nunca viram. *Illustratio.* Pássaros; aranhas; formigas-leão; abelhas. Portanto, aí agem manifestamente não a partir de ponderação racional e

---

50 *Sobre o impulso dos animais.* (N. T.)

51 Estas preleções de Schopenhauer são de 1820.

52 "De um tripé". Refere-se ao assento de pitonisa, no Oráculo de Delfos. (N. T.)

conforme plano elaborado; mas como que a partir de inspiração. A outra falsa visão explicava o comportamento industrioso dos animais como mero mecanismo, transformando-os em máquinas: a partir da engrenagem de sua organização, semelhantemente às funções interiores de digestão etc., deveriam também se seguir os movimentos exteriores, de modo necessário e completamente automático, através do que suas obras industriosas seriam instituídas em um processo semelhante ao de uma máquina de tricotar ou de tecer. Contudo, uma máquina segue sua marcha fixamente estabelecida sem desviar-se dela por conta de diretriz das circunstâncias. Mas as ações industriosas dos animais mostram que aqui atua a vontade, vale dizer, que no geral o comportamento animal é determinado, porém no particular eles se adaptam às circunstâncias, reconfiguram seu comportamento e mudam de tática. Se o produto de uma máquina é comprometido devido ao defeito dela, então ela continuará a assim produzir, de maneira totalmente inútil. Por outro lado, se um pássaro tem seu iniciado ninho destruído, então ele o repara ou constrói um outro; ele o molda em geral segundo as características da localidade. Se se rasga o iniciado casulo de uma lagarta, então ela o repara, duas, três vezes, remenda o buraco. Às vezes ela se vale de algo, erra e depois repara, recuperando o que foi danificado. — Portanto, a vontade está aqui ativa e em todo esse comportamento não é guiada por representação alguma, mas se expressa como impulso implantado, determinado, com habilidade inata, que não precisa de doutrina nem de conhecimento, embora o *détail*[53] da realização aconteça sob a direção do conhecimento.

---

53 "Detalhe". (N. T.)

Metafísica da natureza

O animal que age conforme instinto e impulso industrioso não tem representação alguma do fim propriamente dito e da natureza de sua ação, e no entanto isso ocorre de acordo com sua vontade: aqui, por conseguinte, atua a vontade de maneira cega, e sem conhecimento, a partir de sua natureza originária, a partir de sua essência íntima. Assim, a ação dos animais conforme impulsos industriosos é decerto acompanhada de conhecimento, porém não guiada por ele, vale dizer, não no *todo*, não conforme o *fim*, pois este eles não o conhecem; também a escolha dos *meios* para o fim não é no todo concedida ao seu conhecimento: o conhecimento, todavia, que acompanha essa ação por pura vontade sem conhecimento, e que intervém apenas na disposição mais próxima dos meios para o fim, esse está inteiramente sob a condução de tais animais. Isso atestam justamente os exemplos atrás mencionados,[54] bem como as formigas operárias, que estão sempre ocupadas com um arrastar daqui para acolá das jovens larvas (vermes), um acidificante trabalho: elas não apenas as digerem (corroem) com o suco digestivo já presente em seu estômago; mas as larvas também têm de estar às vezes em um lugar pouco úmido, às vezes no calor do sol, e tanto a umidade excessiva e persistente quanto a aridez persistente são-lhes danosas. Por isso, as formigas operárias têm de arrastá-las daqui para acolá: isso acontece, no geral, sem conhecimento do fim e sem a escolha dos meios: mas, no detalhe e em particular, elas são ali sem dúvida guiadas por seu conhecimento: o momento em que as larvas (através de circunstâncias casuais, surgimento de raios solares ou chuva e semelhantes) se tornam demasiado secas ou úmidas, as formigas operárias sem dúvida

---

54 Início da parte "Impulso dos animais". (N. T.)

fazem suas escolhas sob a condução de seu conhecimento, bem como a escolha dos outros lugares mais adequados para onde elas agora levam as larvas.

Portanto, a ação a partir de impulso industrioso e instinto não está no todo e de forma geral sob a condução do conhecimento, que a acompanha ociosamente: mas ele é ativado na disposição mais próxima dos meios, na adaptação deles às circunstâncias temporais e locais; ou seja, no detalhe e no particular decerto a ação a partir do instinto está sob condução do conhecimento. Por isso justamente os animais, na execução de seus impulsos industriosos, estão também expostos ao erro: por exemplo, a mosca-varejeira enganada pelo cheiro põe seus ovos, em vez de na carniça, na flor de carniça, onde a larva rastejante morre subsequentemente por falta de alimento. E isso justamente comprova que tal agir não é de modo algum mecânico, mas procede da vontade: e também que a vontade aqui não está em uma atividade completamente cega, como nas *functiones naturales & vitales*,[55] mas em uma atividade que é em toda parte acompanhada pelo conhecimento, cuja condução, entretanto, só entra em cena no *détail*, na determinação mais precisa do onde e do como. Se queremos tornar de alguma forma compreensível o comportamento e o impelir industrioso dos animais, então normalmente os tentamos explanar a partir do modo como *nós* mesmos instituímos obras de arte, ou seja, através de ponderação e seguindo um conceito de fim, e assim procuramos conferir aos animais um tipo de razão. No entanto, por aí, seguimos um caminho totalmente errado: o comportamento dos animais nos impulsos industriosos não

---

55 "Funções naturais e vitais". (N. T.)

Metafísica da natureza

acontece de forma alguma pelo médium da representação; muito menos tem analogia com nossa atividade artística guiada por conceitos de fim, mas antes com nossa digestão, secreção, procriação: portanto, para compreendê-lo não temos de compará-lo à indústria pela qual fazemos um relógio ou uma casa, mas sim à indústria pela qual transformamos variada comida em nutrientes úteis, estes em sangue, e este distribuímos tão oportunamente a todas as partes de nosso corpo para sua alimentação, e também compará-lo à indústria pela qual tão sabiamente excretamos bílis, saliva, sêmen para uso futuro, e até mesmo à maior proeza de todas, fazer uma criança. Os impulsos industriosos dos animais não são exatamente guiados por conceito: pois, embora os animais sejam de fato guiados por representação, esta não é a do todo, e sim de cada passo singular e próximo, enquanto o sistema ou o plano desses passos todos não vêm à sua consciência como representação de fim. *Illustratio.* Eu digo que a prática industriosa dos animais reside muito mais próxima de nossas operações fisiológicas e a elas é análoga que de nosso comportamento ponderado. Pois nos impulsos industriosos e nas funções vitais e vegetativas do corpo a vontade é plena e imediatamente ativa conforme sua natureza originária, e não através do médium da representação, como no caso dos atos intencionais da vontade que se dão conforme motivos. A partir do impulso industrioso dos animais, a atividade finalística da natureza na produção dos organismos e na conservação dos organismos pode ser melhor compreendida, através de uma tão precisa analogia das duas aparências, que elas em última instância se fundem em uma identidade. Pois, daqueles impulsos industriosos pode-se ver aquilo que a vontade pode fazer meramente por si mesma e sem conhecimento, ou seja, de modo cego, nomeadamente, produzir aquilo que, quando depois aparece ao conhecimento, para este assume a aparência do que há de mais finalístico, isto é, aparece-lhe como algo que só teria sido possível realizar através do mais perfeito e *prévio* conhecimento, através da mais requintada ponderação: ao conhecimento assim aparece, porque ele, enquanto tal, não consegue pensar e explanar isso para si de modo diferente. Todavia, os impulsos industriosos nos provam: 1º) que suas obras não foram precedidas de conhecimento algum nem representação alguma de seu fim, foram realizadas sem a condução do conhecimento, porque senão elas pressuporiam um grau de conhecimento que manifestamente falta àqueles animais (e se ali existisse, faltariam *dados*), nomeadamente, a ponderação mais racional e o emprego desta sobre *dados* que também manifestamente lhes faltam, a saber, a prévia experiência de circunstâncias que só ocorrem mais tarde e que eles experimentarão pela primeira vez. 2º) Provam-nos os impulsos industriosos que o que é aqui ativo e eficiente é a vontade: pois manifestamente os movimentos desses animais são expressões de vontade, são movimentos arbitrários, sim, no *détail* são guiados por motivos, logo, por conhecimento, porém no todo e em geral, no fim propriamente dito, de modo algum o são: pois não o compreendem. De tudo isso nos convencem os impulsos industriosos e nos dão a intelecção sobre a forma como o organismo é produzido e conservado, NB mas só se estudamos os impulso industriosos não por esporádica observação, e sim metódica. O ápice de todos os impulsos industriosos é a república das abelhas: leia-se de François Huber *Nouvelles observations sur les abeilles*, Genève, 1792, vol. I, 8º, que é a obra principal e mais fundamental sobre as abelhas, fonte de todas as outras. O filósofo Aristomachus (segundo Cícero e Plínio)

Metafísica da natureza

passou sessenta anos estudando abelhas: então, reservem algumas horas para a leitura desse notável livro. Lá verão como a colmeia nos dá a melhor intelecção sobre o *impulso cego* da natureza ou da vontade cujo *resultado* posteriormente aparece como a obra mais planejada e *mais pensada*.

Para dar-lhes uma prova da conspiração de todos os membros da colmeia, bem como do organismo para fomento do fim comum, apenas alguns dados. Os zangões (cerca de 1/12 da população) são cuidados pelas abelhas operárias quando ainda são larvas e ninfas, são alimentados por bastante tempo, até que, por fim, depois de tudo ter sido providenciado para a descendência da colmeia, repentinamente todas as abelhas operárias atacam os zangões e os matam: a carnificina dura várias horas. No alvéolo real só pode viver uma rainha: no entanto, esta é a abelha mais necessária. Se ela for retirada do alvéolo real ou morrer sem antes ter posto ovos reais nas células reais (o que ela só faz se o alvéolo real for dar origem a uma colônia), então as abelhas constroem seis ou sete células reais, trazem para ali larvas que nasceram para serem abelhas operárias comuns, e então a estas alimentam com a *geleia real* e elas todas se tornam *rainhas*. A *primeira* que desperta sai a destruir as outras células reais, aferroando as ninfas que ali ainda estão. Não poderia fazer isso se tais casulos, como todos os demais casulos de abelhas e zangões, estivessem cobertos de seda, pois assim o ferrão não os penetraria ou, se os penetrasse, ficaria preso. Mas os casulos reais são tão encurtados que cabeça e peito ficam descobertos. E só o são devido à previdência das abelhas operárias. Pois se a larva real, em sua célula real onde foi até agora alimentada com geleia real, doravante quiser girar, as abelhas fazem no dia e hora exatos outra célula em forma de funil com a ponta para baixo, perfuram o fundo, e fazem a larva ali entrar. Aqui ela tem sua cabeça para baixo e assim gira para dentro do casulo mas, forçada por essa posição, tem de se mexer e dessa forma deixa cabeça e peito descobertos: por natureza ela trabalha continuamente seu casulo como qualquer outra larva de abelha: pois tais larvas foram deslocadas e deixadas à vontade para girarem: desse modo, apenas por precaução das abelhas, a larva fica com lugares descobertos, para que, se não for a mais velha, seja imediatamente aferroada por sua irmã e não surja disputa sucessória alguma: eis a astúcia estatal das abelhas. Mas amiúde rastejam duas jovens rainhas ao mesmo tempo: então elas se procuram e de imediato começam um combate de vida e morte: as outras abelhas fecham um círculo em torno delas: a mais habilidosa das combatentes sobe nas costas da outra e a aferroa. Mas, se durante o combate as duas se enfrentam corpo a corpo e assim se encontram na iminência de enfiarem reciprocamente o ferrão no abdômen uma na outra, de modo que ambas morreriam e a colmeia ficaria sem rainha, então todas as vezes que chegam a essa posição, um súbito horror as assalta: separam-se e rumam para lados diferentes: as outras abelhas as cercam, impedem-lhes a evasão, as empurram e impelem continuamente até que comece um novo combate: só então as deixam em paz e observam: pois uma delas tem de morrer. Se, entretanto, outra rainha rastejou para fora; não adianta, esta também entrará em combate, até que reste apenas *uma* rainha.

Esse é o caso quando a velha rainha foi perdida, e é substituída como foi descrito. Mas no curso natural é diferente. A rainha põe durante vários meses apenas ovos de abelhas operárias em pequenas células: depois começa a pôr ovos de zan-

Metafísica da natureza

gões nas células maiores, onde estes também são especialmente cuidados e mantidos pelas abelhas operárias. Assim que a abelha rainha põe os ovos dos zangões, que são seus últimos, as abelhas operárias constroem várias células reais: nestas ela põe ovos reais: as larvas são alimentadas com geleia real, e então funis são construídos, para que neles girem, e estes, quando dentro estiverem, são muito mais bem vedados do que no primeiro caso: pois agora, primeiro a velha rainha, depois cada uma mais jovem, deve dispersar um enxame, logo, todas devem permanecer em vida: e tem de ser evitada a possibilidade de que elas se matem. Assim que a primeira larva real eclode, ela canta em seu funil e quer evadir-se, mas ele não é aberto. Todavia, um buraco é feito e, por ele, ela é alimentada: a velha rainha é impedida de matá-la, porque, assim que ela quer aproximar-se dos funis que estão em diferentes lugares da colmeia, é cercada por muitas abelhas e rechaçada. A velha rainha vaga inquieta daqui para acolá, um enxame forma-se: ela o conduz para longe. Então a mais idosa das jovens rainhas é animada e solta: ela quer assaltar as células de suas irmãs: não há sofrimento: estas não são animadas: por fim, esta rainha conduz também um enxame para longe: e assim, em sequência, com todas as outras abelhas rainha, *exatamente conforme sua posição* de nascimento. Se a colmeia já está suficientemente despovoada pelos enxames, porém ainda restam duas ou três jovens rainhas; então elas têm de combater pelo domínio dela e pela própria vida. Tudo isso acontece na mais bela ordem e harmonia. Como deveria um conhecimento de fins longínquos para os quais seu comportamento é dirigido conduzir esses animais?! Ao contrário, é manifesto que tudo isso procede se sua vontade.

A colmeia é, por assim dizer, um todo orgânico, um organismo que está voltado para o exterior, conseguintemente podemos ver de modo mais distinto seus processos do que no interior do organismo mesmo. Como neste, também na colmeia de abelhas cada parte trabalha apenas para a conservação do todo, do qual, entretanto, depende sua própria conservação: tudo conspira para o fim comum, porém sem conhecimento do mesmo: a parte isolada amiúde tem de ser sacrificada em prol do todo. Assim como o estômago e os intestinos preparam o quilo para fornecê-lo ao sangue, de modo que, a partir do sangue, músculos, nervos, ossos e intestinos sejam nutridos e a bílis e a saliva sejam secretadas para o trabalho do estômago e dos intestinos, e assim cada um prepara e trabalha para o outro sem no entanto ter conhecimento dele; assim também as abelhas constroem na colmeia quatro células diferentes, para si, para diferentes ninhadas, coletam cera para a construção, mel para a alimentação, e administram a ordem industriosa dos negócios das gerações e da reprodução, tudo isso com bastante cuidado em relação ao futuro.

O conhecimento acompanha tudo isso, mas sem conduzir, só no *détail* é que ele conduz, exibe o que está bem próximo, mas o que aí tem de ser feito, não o mostra; porque isso já foi antes decidido. Tudo acontece mediante vontade: e justamente assim a vontade atua no organismo, sem qualquer conhecimento. Em tais e outros comportamentos desses animais é de fato manifesto como a vontade é ativa: no entanto, essa atividade é cega; de fato, acompanhada de conhecimento, mas não conduzida por ele. Uma vez alcançada a intelecção de que a representação como motivo não é condição alguma necessária e essencial da atividade da vontade, de que vontade e representação não são inseparáveis; então também reconheceremos mais facilmente a atuação da vontade em casos onde isso é menos evidente: por exemplo, casa do caracol, casa do ser humano: ambas são aparências da vontade que se objetiva; no segundo caso, conforme motivos pelo médium da representação; no primeiro, sem representação, cega, como impulso de formação dirigido para o exterior. Todo impulso de formação, *nisus formativus, vis plastica*, é vontade cega.

Todo movimento por estímulo é também aparência da vontade. Impulso cego de formação em plantas e animais

A mesma vontade também em nós atua múltiplas vezes de maneira cega: em todas as funções (*naturales, vitales*)[56] que não são conduzidas por conhecimento, digestão, circulação sanguínea, secreção, crescimento, reprodução. Não apenas as ações do corpo, mas ele mesmo por inteiro, como acima demonstrado, é aparência da vontade, vontade objetivada, vontade concreta. Portanto, tudo o que nele ocorre tem de ocorrer por vontade; embora aqui essa vontade não seja conduzida pelo conhecimento, não seja determinada conforme motivos, mas atua cegamente conforme causas, aqui denominadas *estímulos*. *Sobre a fisiologia de Stahl*. Cf. 169.[57] —

---

56 "Naturais, vitais". (N. T.)

57 As edições mais atuais da *Metafísica da natureza*, de Daniel Schubbe (Hamburg: Meiner, 2020) e Volker Spierling (München: Piper, 1985), remetem à seguinte marginália de Schopenhauer no exemplar da sua obra magna: "Me é extremamente gratificante notar que já tive, no conhecimento dessa verdade, infelizmente ainda paradoxal, um antigo e honrado predecessor há mais de cem anos na figura do

famoso *Stahl*. Que a verdade por mim estabelecida também foi por ele vislumbrada e no essencial lhe foi tão evidente, mais do que podia permitir o estado da filosofia em seu tempo, isso será também vislumbrado por todos aqueles que estão em condição de diferenciar a essência propriamente dita de uma intelecção, de sua expressão e comunicação. Para expressar a coisa na pureza e distinção com as quais o fiz, Stahl, além de ter sido a cabeça de uma escola de química e de uma escola de fisiologia e medicina, deveria ainda ter se tornado a cabeça de uma escola filosófica. Assim, Stahl não se cansa em diversas passagens de seus escritos de medicina e fisiologia [cf. Georg Ernst Stahl: *Theoria medica vera. Physiologiam & Pathologiam...* (Halle): *Literis Orphanotrophei* 1708], de repetir e discutir que, assim como os movimentos exteriores e reconhecidamente arbitrários do corpo provêm da *anima rationali ejusque voluntate* [da alma racional e de sua vontade], assim também e do mesmo modo *eandem animam ejusdem suae* VOLUNTATIS *seu* INTENTIONIS *effectum exercere circa ipsos vitales actus & organa vitalia* [a mesma alma exerce o efeito de sua vontade ou empenho também sobre os processos vitais e órgãos vitais]: que, assim, também os *motus vitales exercentur & administrantur ab ipsa anima; – &* ANIMAE *incumbit curam, & efficaciter quidem, gerere, ut conservatio illa corporis, sibi necessaria, in actum omnino deducatur* [Os movimentos vitais são exercidos e conduzidos pela própria alma; e cabe à alma cuidar deles, e em verdade eficazmente, para que a conservação do corpo, que é necessária para ela, seja levada a bom termo]. Bem como: *omnes actiones in corpore, quae tam ad ejus structuram, quam ad mixtionis conservationem pertinent ab ipsa anima, & propter suos usus atque fines suscipiuntur & ea proportione atque ratione, quae scopis illis & usibus convenit, scite & convenienter reguntur, imo absolvuntur* [Todas as ações no corpo, que abrangem tanto a sua estrutura quanto a conservação da composição toda, são empreendidas pela própria alma, com vistas a seu próprio uso e fim e são hábil e convenientemente dirigidas, ou antes, realizadas na proporção e na maneira adequadas àquele uso e fim]. *Todo movimento* no corpo procede diretamente da *anima rationalis* [alma racional]. *Ipsam etiam animam & STRUERE sibi corpus, ita ut suis usibus, quibus solis inservit, aptum est, & regere illud ipsum, actuare, movere, directe atque immediate, sine alterius moventis interventu aut concursu* [Tam-

Metafísica da natureza

bém a alma constrói para si mesma o corpo, para seu uso, para o qual ele exclusivamente serve, e o conduz, o leva à ação, e mesmo o movimenta direta e imediatamente sem que outra entidade que movimente intervenha ou simultaneamente faça efeito]. Ele prova repetidamente suas afirmações observando que todos os movimentos violentos da vontade, terror, medo, raiva, anelo, afetam imediata e rapidamente todo o organismo, que a visão de objetos repugnantes ou alimentos nojentos provocam vômitos, e que os afetos violentos das grávidas deixam traços permanentes na criança (o que ainda é controverso). Ele ainda acrescenta a observação de que de fato a *anima* [alma] pode realizar todas essas atividades complicadas por medida precisamente determinada de tempo, de quantidade e de movimento, e em verdade CUM VOLUNTATE ALIQUA SUA [de alguma forma com sua vontade], sem propriamente se tornar consciente disso. Pois *peculiaris aliqua, imo exquisita, animae inesse debet horum sui organorum notitia, per quam non solum proportionis illorum ad varios fines gnara esse debet, sed etiam proportionis & habitus universi eorum ad subeundum motum: & motum quidem peculiariter prorsus moderandi compotem pro* IPSUS ANIMAE ARBITRARIIS INTENTIONIBUS. *Ubi quidem extra omnem considerationem posita est illa exceptio, quod anima ab hisce rebus aliena esse appareat, & illae potius quibuslibet causis atque modis* ADSCRIBENDAE ESSE VIDEANTUR, PROPTEREA QUOD | *anima sibi ullius concursus, nedum totius actionis hujusmodi, nusquam quidquam conscia sit: quod quidem minime fieri posse interpretantur, si anima vere his negotiis implicita esset.* [A alma deve dispor de um certo conhecimento especial, sim, conhecimento excelente desses seus órgãos em virtude do qual tem de estar ciente não apenas da relação desses órgãos com os diversos fins, mas até mesmo de sua relação e de sua constituição geral em referência ao movimento a ser empreendido e, em realidade, um movimento que tem de ser capaz, de maneira bastante especial, de ser orientado para as próprias intenções arbitrárias da alma. Isso, é claro, deixa de fora a exceção de que a alma parece ser alheia a coisas que, ao que parece, devem antes ser atribuídas a certas causas e circunstâncias, já que a alma não tem consciência de cooperação alguma, muito menos de toda uma ação desse tipo: o que, como se pensa, seria o caso se a alma estivesse em verdade envolvida nessas coisas."] Ele enfrenta algumas objeções apontando o fato de que muitas tarefas que aparentemente procedem da vontade são, todavia, executadas sem consciência alguma; por exemplo, o acordar e o adormecer em determinados tempos, as próprias operações de pensamento, todos os movimentos que se tornaram segunda natureza através do hábito, que se executa sem atenção alguma, a dança conforme o ritmo, os diversificados toques ao tocar um instrumento musical, a medida certa da força empregada no arremesso a um determinado alvo, o pular sobre uma vala, e coisas semelhantes. A exposição de sua teoria, bem como todas as passagens por mim citadas, podem ser encontradas nos vários tratados de fisiologia que juntos compõem a primeira parte de sua *Theoria medica vera*. As passagens principais, conforme a primeira edição, são as seguintes. *Physiologia*, p.17-26 e p.325 ad finem; *De diversitate corporis mixti & vivi*, p.25-50 & 71-82; *De Mechanismi & Organismi diversitate*, p.41 ad finem. Nesse sentido é também bastante recomendável a leitura de Robert Whytt: *An essay on the vital and other involuntary motions of animals* (Edimburgo, 1751). Que os movimentos por estímulo assim como os por motivo sejam exteriorizações da vontade, ensina-nos, entre outras coisas, os casos em que o mesmo movimento se segue uma vez por estímulo, uma vez por motivo: desse tipo é o caso da contração da íris, através da qual a pupila diminui de diâmetro: ela se dá por estímulo do aumento da luz, porém ela também se dá quando queremos considerar atentamente um pequeno objeto bem de perto, porque a diminuição do diâmetro da pupila causa o efeito de ver distintamente bem de perto (isso é ainda mais claro mediante um buraco de agulha em um cartão). No último caso, a diminuição do diâmetro da pupila se dá manifestamente por motivo, e é a exteriorização da vontade: o que também tem de sê-lo quando acontece por estímulo, visto que o igual movimento do mesmo órgão não pode ter dois primeiros princípios fundamentais diferentes. Sim, mesmo o movimento da pupila por estímulo da grande intensidade de luz se funde completamente no movimento por motivo, já que ele acontece propriamente dizendo porque a muita luz afeta fortemente a retina e temos de contrair rápido a pupila para evitá-la. (*Das factum* ensina *Robert Whytt, On the vital & involuntary motions, sectio* 7), cf. p.175."

Metafísica da natureza

(Cf. observações à p.174)[58] Fisiologia é o estudo da atuação cega da vontade no ser humano. Ela ensina como funciona toda

---

58 As edições mais atuais da *Metafísica da natureza*, de Daniel Schubbe (Hamburg: Meiner, 2020) e Volker Spierling (München: Piper, 1985), remetem à seguinte marginália de Schopenhauer no exemplar de sua obra magna, p.174: "É bastante notável que Mekel, em seu *Archiv für Phÿsiologie*, Tomo 5, p.195-198, por um caminho completamente empírico e totalmente imparcial tenha chegado ao resultado de que a vida vegetativa, o nascimento do embrião, a assimilação do alimento, a vida das plantas, é de fato para serem considerados como exteriorizações propriamente ditas da *vontade*, sim, que até mesmo o empenho do magneto fornece uma tal aparência (cf. *Adversaria*, p.206). A intelecção de que as funções vitais e vegetativas do organismo realizadas sem consciência de sua atividade têm por íntima mola impulsora a vontade também é ainda facilitada pela consideração de que, mesmo o reconhecido movimento arbitrário de um membro é meramente o resultado de uma miríade de modificações interiores nos nervos e nos vasos, as quais nos são completamente desconhecidas, não afloram à consciência, e manifestamente são aquilo que é primordialmente acionado pela vontade, enquanto o movimento exterior é mediatamente consumado pela vontade. *Cholera B*, p.155. Contudo, a fisiologia metafísica de Stahl, ou sua explanação das funções inconscientes como ações da alma, foi reprimida pela irritabilidade e sensibilidade de Haller, que têm o simulacro de serem puramente empíricas, no entanto são, propriamente dizendo, duas *qualitates occultae* [qualidades ocultas], que põem fim a qualquer ulterior explanação. Os movimentos do coração e os dos intestinos foram então explanados como efeitos da irritabilidade. — O progresso da nova fisiologia conduziu ao conhecimento de que o sistema nervoso administra não apenas as ações exteriores acompanhadas de consciência, as *functiones animalis* [funções psíquicas]; mas também ao conhecimento de que todo o processo interior que se consuma continuamente sem qualquer consciência, as *functionis vitales & naturales* [funções vitais e naturais], procedem do sistema nervoso e é consumado em consequência de impressões (estímulos)

cuja consciência não chega ao cérebro, tampouco a dos próprios movimentos que são solicitados através de tais impressões e continuamente ocupam a vida. O cérebro, conforme essas novas intelecções, é de fato o centro principal do sistema nervoso, mas não o único, pois há centros subordinados, gânglios, que, por assim dizer, presidem as diversas províncias do sistema nervoso, como governadores, e que, nessas províncias, realizam aquilo que o cérebro, o centro principal, o rei, realiza para o todo e especialmente para a relação do organismo com o exterior. Esses centros subordinados do sistema nervoso recebem, tanto quanto o centro principal, impressões, mas dentro de seu domínio, e reagem ou decidem imediatamente sobre elas, justo como o centro principal, porém cada um em sua delimitada esfera. Essa é a *vita propria* [vida própria] de cada sistema no corpo, a respeito do que Van Helmont já afirmava que cada órgão tem, por assim dizer, seu próprio eu. Se agora sabemos, a partir da experiência mais comum, que as ações do centro principal do sistema nervoso acompanhadas de consciência são expressões da *vontade*, que nos é conhecida mediante o conhecimento mais imediato, então não podemos deixar de assumir que as ações provenientes daquele sistema mas sob a direção de centros subordinados e realizadas sem a interferência do centro principal, que mantém o processo de vida em andamento, são também expressões da *vontade*. Assim como em um estado governado por um rei, a manutenção da ordem e da jurisprudência comum é feita sem a ciência direta ou a interferência do rei, todavia mesmo assim acontece conforme sua vontade; assim também no organismo tudo procede de acordo com a vontade que nele reina; mas as operações que conservam o curso regular das funções vitais interiores, e que legalmente são sempre as mesmas em cada parte, não precisam ser todas as vezes administradas pelo centro principal nem chegar aos seu conhecimento, caso em que meramente o perturbariam e lhe desviariam a atenção do que é especialmente necessário para as relações exteriores. Apenas no caso de doença, em que o andamento regular da vida é perturbado, é que as funções subordinadas chegam à consciência como dor e mal-estar, mediante os quais agora, por assim dizer, pede ajuda, que a engrenagem interior, as funções pelas quais a vida subsiste e se conserva; ela descreve precisamente os processos singulares, como estão interconectados, e como se apoiam reciprocamente: mas a força mediante a qual tudo isso se mantém em um processo contínuo, isso ela não poder ensinar: ela a denomina *força vital*, e com razão a abandona como *qualitas occulta*.[59] À filosofia é reservado mostrar que a essência íntima dessa força é vontade. Isso foi antes inferido: cabe agora elucidá-lo mediante os impulsos industriosos. Deve-se observar em especial o seguinte. Todas as exteriorizações da vontade em humanos e animais dividem-se em conscientes e inconscientes:[60] isto é, nas que acontecem pelo *medium* da representação, e nas que acontecem imediatamente. Para cada uma dessas, o sistema nervoso, que reconhecidamente é a sede mais imediata e mais interior da vida, tem um *centrum* especial, a partir de onde essas exteriorizações são comandadas. Para as ações conscientes da vontade, o centro que as guia é o cérebro, a sede do conhecimento: porque aqui todas as exteriorizações da vontade se dão pelo *medium* do conhecimento, conhecemo-las imediatamente como exteriorizações da vontade e atribuímos à vontade nosso comportamento exterior. – O *centrum* da exteriorização imediata da vontade sem auxílio do *medium* do conhecimento

---

só pode vir da consciência e então ser por esta executada, conforme suas forças, como dietética e ciência médica. Cf. *Cabanis, rapports du physique & moral, Vol 2. 10ème memoire, 2de section*, em especial § 5. Ali também lemos que a tenacidade da vida da espécie animal está na razão inversa de sua inteligência. Cf. *Quartant*, p.90.

59 "Qualidade oculta". (N. T.)
60 No original alemão: *zerfallen in bewusste und unbewusste*. (N. T.)

é o plexo visceral:[61] Reil mostrou que esse centro conduz as funções meramente vegetativas, naturais (*illustratio*), como o cérebro conduz as ações exteriores. Os nervos dos sentidos exteriores e o movimento exterior dos músculos conectam-se com o cérebro: os nervos da engrenagem interior, com aqueles plexos ganglionares: (o engolido não mais sentido) devemos, entretanto, duvidar que a força interior que se exterioriza em ambos os *centri* é a mesma? Como vontade é que a conhecemos lá onde ela passa pelo *medium* do conhecimento: ora, vontade temos de também nomeá-la lá onde ela atua sem conhecimento. (Magnetismo.)

Lembremos como diferenciamos causa, estímulo, motivo.

Todos os três, entretanto, nada mais determinam senão o ponto de entrada da exteriorização de cada força no tempo e no espaço, jamais a essência íntima da própria força que se exterioriza: essa essência íntima, conforme nossa inferência, é a vontade, que, pois, atribuímos tanto às mudanças sem consciência quanto às mudanças conscientes do corpo. O estímulo é um meio-termo, faz a transição entre o motivo, que é a causalidade intermediada pelo conhecimento, e a causa em sentido estrito. Em casos específicos, situa-se o estímulo ora mais próximo da causa, ora mais próximo do motivo, contudo sempre deve ser diferenciado deles. Por exemplo, o aumento da seiva nas plantas já acontece por estímulo, já é vida, não deve ser explanado segundo leis da hidráulica ou dos tubos capilares: embora seja decerto apoiada por estes, estando já próximo da pura mudança causal. Por outro lado, os movimentos da *hedysarum gyrans*, *mimosa pudica*, de fato seguem-se de mero estímulo, contudo são

---

61 No original alemão: *Geflecht von Glanglien im Unterleibe.* (N. T.)

Metafísica da natureza

bastante similares aos movimentos que se seguem de motivo, e aparentam fazer a transição. Da mesma forma, pode-se plantar toda semente na terra como se quiser, girá-la como se quiser, que o *rostellum* desce e a *plumula* sobe. Acabamos de considerar o instinto dos animais como um tipo intermediário, mas totalmente diferente, entre o movimento por estímulo e o agir por motivo. Ainda poder-se-ia tentar considerar a respiração como outro tipo intermediário: discutiu-se se ela pertence aos movimentos voluntários ou involuntários, isto é, se ela se dá por motivo ou por estímulo – uma coisa intermediária? –; mas ela de fato se dá por motivo: pois outros motivos, isto é, meras representações podem travá-la, acelerá-la; de modo que, como qualquer outra ação voluntária, tem o simulacro de que se pode abster-se dela totalmente e assim livremente asfixiar-se. Isso poderia de fato ocorrer quando outro motivo alcançasse a força para sobrepujar a necessidade impositiva de ar. Pode nunca ter acontecido, todavia pode-se pensá-lo como possível: seria um forte exemplo da influência de motivos abstratos, do grande poder do querer racionável sobre o querer meramente animal. Que a respiração se dá por motivo, confirma-o fisiologicamente o tipo de efeito do cianureto.

De passagem, seja aqui dito que a respiração fornece o exemplo mais eloquente de como motivos fazem efeito com uma necessidade tão grande quanto as causas e os estímulos, e só podem ser neutralizados em sua eficácia por motivos opostos, como pressão através de contrapressão: pois, ao respirar, a ilusão de ser capaz de se abster é incomparavelmente mais fraca do que em outros movimentos que se seguem de motivos: porque lá o motivo é bastante impositivo e bastante próximo, e sua satisfação, devido ao infatigável dos músculos que a realizam, bas-

113

tante fácil, via de regra nada se lhe opondo, tudo sendo apoiado pelo mais antigo hábito. Mas, propriamente dizendo, todos os motivos fazem efeito com a mesma necessidade; apenas entram facilmente em conflito uns com os outros. O conhecimento de que a necessidade é comum tanto aos movimentos por motivo quanto aos movimentos por estímulo facilitar-nos-á a intelecção de que também o que no corpo animal se dá por estímulo em plena conformidade com leis[62] é, no entanto, segundo sua essência interior, vontade. Vontade que, em todas as suas aparências, está submetida à lei da necessidade, isto é, ao princípio de razão, embora *em si* seja estranha a ele. Por conseguinte, não nos deteremos no conhecimento de que os animais em seu agir, em sua existência inteira, em sua corporização e organização são aparências da vontade, que tanto seus movimentos exteriores quanto interiores ocorrem por vontade; mas também daremos um segundo passo e estenderemos *às plantas* esse único conhecimento imediato que nos é dado sobre a essência em si das coisas: os movimentos das plantas não se seguem de motivos, mas de estímulos: pois a ausência de conhecimento e dos movimentos através de motivos por ele condicionados constitui a única diferença essencial entre o animal e a planta. Portanto, o que se expõe para a representação como *planta*, mera vegetação, força cega que cresce, será por nós abordado, conforme sua es-

---

62 O editor Schubbe (Meiner) diz que Schopenhauer provavelmente remete à seguinte nota em seu exemplar da obra magna: "Cf. caderno de anotações e em especial o artigo *animal im Dict. des sciences natu.* [André Brochant de Villiers et al.: *Dictionnaire des sciences naturelles.* [...] *Suivi d'une biographie des plus célèbres naturalistes* [...], Tom. II. Strasbourg: F. G. Levrault/Paris: Le Normant, 1816, p.158-174]. (N. T.)

Metafísica da natureza

sência em si, como vontade, e justamente reconhecido como aquilo que é a base, o radical de nossa própria aparência, tal qual se expressa em nosso agir e já também em toda a existência de nosso corpo. Quando um animal ingere seu alimento pela boca, atribuímos isso imediatamente à sua vontade: o movimento da ingestão de alimento nas plantas coincide com seu crescimento: todavia, deveríamos explanar esse alimentar-se como algo completamente heterogêneo do alimentar-se animal? — Em espécies de animais mais baixas, os zoófitos do mar, as plantas de corais, também em muitos bivalves, o movimento de tomar alimento é uma mera sucção do muco e da água marinhos, que só pode diferenciar-se da sucção das plantas pelo fato de aquela não ser contínua, como o crescimento, mas acontece em determinados saltos, pelo que um ato de vontade dá sinal de si por motivo, sendo que, por isso, uma tal criatura é denominada um animal. Todavia, em muitos de tais zoófitos é difícil encontrar essa diferença: a sucção com arbítrio através de uma boca faz fronteira imediata com a sucção por meio de fibras de raiz que é uma com o ato da vegetação. Notadamente, vários corais têm a figura de arbustos, porém em sua medula, nos buracos de sua base de pedra habita uma vida animal: não se trata da existência de *muitos* animais cujo trabalho ou excremento constituam o arbusto coralino; o que há ali é como a existência de um animal compósito cuja vida, no entanto, bem como sua figura, é quase como se fosse a de uma planta: nas extremidades dos ramos sobressaem partes macias que se assemelham a flores de planta. Todavia, estas não são instrumentos de reprodução, mas de alimentação; existem assim várias bocas: em alguns casos, rodeadas de braços, como nos pólipos de braço, com os quais agarram a presa (um movimento tipicamente animal), em outros, a boca ainda tem incisões, como pétalas, mas sem tentáculos, em outros faltam essas incisões, que são meros instrumentos de absorção, do muco marinho ou de pequenos seres que nadam: e aqui, então, a alimentação animal (que sempre conhecemos como ato de vontade) confunde-se inteiramente com a alimentação de tipo vegetal, confunde-se com a ingestão que se quer denominar involuntária. De maneira semelhante, sua vida confunde-se com a vida vegetal, já que ali não há centro comunitário algum, como no caso dos animais propriamente ditos, mas cada parte tem vida autônoma e pertence ao todo apenas através de um fino vínculo, como as folhas e os galhos pertencem à árvore. O coral inteiro é de fato um animal, cujo crescimento se dá no todo, que também tem um canal alimentar contínuo para que cada parte participe da vida do todo: mas cada uma das descritas bocas em forma de flor movimenta-se, a cada vez, conforme seu estímulo ou motivo, faz, por assim dizer, por si mesmo as vezes de um animal, como cada folha de uma árvore faz por si mesma as vezes de uma planta: é o caso de todos os zoófitos, também da tênia. *Illustratio.* Por isso, Lineu já denominara os zoófitos *animalia composita*, animais compostos, em contraposição aos animais simples. Se estudamos a história natural dos zoófitos e nela aprendemos como a vida animal aos poucos se confunde com a vida vegetal, reconheceremos da forma mais clara como a essência íntima das plantas é a mesma que a dos animais, nomeadamente, vontade, que nos é imediatamente conhecida. Para esse fim: Apêndice a *Reimarus* etc., terceira edição, sobre os animais vegetais. Lamark, *Hist. nat. des animaux sans vertèbres.* 1816. *A. F. Schweiger, naturhistorische Reise.* 1819. A ingestão voluntária confunde-se com a meramente vegetativa de alimento: então, se, seguindo esse fio condutor da natureza, reconhecemos como

Metafísica da natureza

a absorção de alimento das plantas não é essencialmente diferente da absorção de alimento dos animais, que por experiência própria conhecemos como ato de vontade; e se, agora, sopesamos que nas plantas a absorção de alimento coincide com seu crescimento e é justamente apenas o ponto de partida do processo vegetativo mesmo, no qual consiste sua vida e existência; então temos também de reconhecer nesse processo mesmo vegetativo um ato de vontade como na ingestão de alimentos pelos animais: dessa forma, reconhecemos que a vegetação também é aparência da vontade, ou seja, a planta inteira, uma vez que consiste apenas nisso, é em sua essência *íntima* vontade, assim como o animal. O animal estende seus membros para apanhar o alimento e esse movimento difere de seu crescimento: a planta não tem outro movimento senão o do crescimento, porém neste se manifesta a vontade, precisamente como no movimento do animal. A planta também procura seu alimento com a raiz, ela a estende na direção do solo mais nutritivo, sob pedras e sob areia, ou sobre pedras e sobre areia, até encontrá-lo; ela estende seus ramos na direção da luz (na direção do ar, caso esteja em um recinto fechado): batatas no porão; árvores juntas enfileiradas crescem altas porque querem tirar a luz uma da outra, a copa se torna menor, o tronco, mais longo; uma árvore isolada em campo aberto não cresce tão alto porque não tem necessidade, ela então abre a copa mais abundantemente para aproveitar a luz; a semente gira o *rostellum* para baixo, a *plumula* para cima. Plantas trepadeiras, lúpulo, feijão turco, hera, precisam de um suporte para então se arrastarem, crescendo até um muro ou uma rocha ou um tronco e assim neles crescem confortavelmente segundo a própria figura, e a esta sequenciando. Assim as plantas procuram obedecer às suas necessidades vitais. Naturalmente, todos esses movimentos das plantas coincidem com seu crescimento, acontecem através do *medium* do crescimento; mas há decerto movimentos ocasionados pela posição daquilo que precisam para a manutenção de sua existência, bom solo, luz, ar, suporte, são movimentos *em direção ao seu alimento* tanto quanto o movimento dos animais; e deveríamos atribuir a esses movimentos uma origem essencialmente outra do que a dos movimentos animais?, não deveríamos notar que o princípio em ambos os casos é o mesmo, a vontade?, a Vontade de vida e de existência e de suas condições, vontade essa que é a raiz da nossa e de cada existência? – Igualmente tão próxima do animal, quando da alimentação, está a planta, quando da *reprodução*: partes da geração, hermafroditas, também sexos separados, fertilização, barriga da mãe, semente que é, por assim dizer, o ovo da planta.

Também a natureza inorgânica é aparência da vontade

Resta-nos ainda apenas dar o último passo, a saber: estender nossa consideração também ao *inorgânico*, a todas aquelas forças que fazem efeito na natureza segundo leis universais e imutáveis, em conformidade com as quais se seguem os movimentos de todos os corpos que, privados de órgãos, não têm suscetibilidade alguma para estímulos nem conhecimento algum para motivos. Tais corpos são os mais distantes de nós: no entanto, o conhecimento imediato que temos de nossa própria essência é o único que pode *se tornar a chave* para a compreensão da essência de todas as coisas, com o que, agora, também temos de usá-la nas aparências do mundo inorgânico. Esses corpos não são mais *viventes* como os anteriores: todavia, que significa

Metafísica da natureza

isso? Significa: sua existência não consiste em um *processo* contínuo e coeso do começo ao fim e que só termina na morte, palavra esta que descreve precisamente seu cessar: ora, uma determinação mais próxima e ao mesmo tempo muito geral e consistente desse processo é a de que ele seja uma transição constante de *fluido* para *sólido*: vivente algum é totalmente líquido ou totalmente sólido: isso porque o líquido não possui forma alguma, é essencialmente desprovido de forma, o vivente no entanto é orgânico e tem órgãos com determinadas formas estabelecidas: o completamente sólido, por outro lado, é a forma congelada, que repousa e, portanto, morta: mas a vida consiste em um incessante devir, isto é, em um surgir e desaparecer, em um absorver e expelir. Por isso, toda vida paira e oscila entre fluido e sólido. A existência do inorgânico, por sua vez, não consiste em tal processo, não consiste em uma contínua coesão de exteriorizações em recíproco condicionamento; mas *ele repousa em si* e, embora possa exteriorizar grande atividade e força, a *entrada em cena* dessas manifestações depende, entretanto, inteiramente das circunstâncias exteriores, que ele aguarda em pleno repouso, e até lá mantém inalterado seu estado. Por conseguinte, expressa-se de modo completamente falso e faz um mal-uso da palavra quem diz que "tudo na natureza *vive*", "também o inorgânico tem *vida*":[63] eles não o têm. Temos de

---

63 Aqui Schopenhauer provavelmente quer diferenciar-se de Schelling e de sua teoria do organismo universal ou "alma cósmica", *Weltseele*. Para Schelling, tudo na natureza é vida, e o grande problema filosófico não é compreender como se deu a vida, mas como é possível a não-vida, que ele define como uma espécie de calcificação do que é vivo. Por outro lado, Schopenhauer também dirá em sua obra magna que, onde há vontade, haverá vida. Ora, isso é uma forma de

destacar uma palavra para denotar aquele tipo de existência da qual apenas corpos orgânicos, isto é, plantas e animais, são capazes, e que consiste em um constante processo de alimentação, e de morte ou eliminação. Esta palavra *vida* tem, conseguintemente, seu sentido determinado. Logo, também é falso falar de *vida da matéria*, afirmação esta que se chama *hilozoísmo*. Contudo, o falso da afirmação reside apenas nas palavras, na expressão. O pensamento que jaz em seu fundamento e que, sem dúvida, sempre quis denotar a vida da matéria, e apenas foi falsamente expresso, é correto, nomeadamente este: a essência íntima, a força originária, da qual toda vida é aparência e que se exterioriza em todo vivente, essa mesma força exterioriza-se também em cada coisa material, seja ela qual for, logo, em cada parte da matéria. Assim como em cada ser vivente, como base de sua vida, exterioriza-se uma força infundada; assim também em cada coisa material exterioriza-se uma tal força, em cada inorgânico, e aqui ela não é menos infundada do que lá.

Portanto, dizemos: o inorgânico de fato não tem vida; todavia, tem empenho e força interior tanto quanto o vivente. E esse empenho, essa força, são, conforme sua essência em si, idênticos à força que aparece como vida: se remetemos esta, na

---

dizer que tudo é vida, já que a essência das aparências da natureza não é uma vontade particular, mas a Vontade de vida universal. Mas seu desejo de diferenciar sua metafísica da natureza da filosofia da natureza de Schelling o leva a esse postulado distintivo. Entretanto, salta aos olhos de quem lê os dois filósofos que em suas obras temos uma espécie de panvitalismo de fundo. Isso é confirmado pela sequência da exposição de Schopenhauer, que justamente assume que, apesar de a letra dessas expressões não ser correta, seu espírito o é. (N. T.)

Metafísica da natureza

metafísica da natureza, àquilo que em nós conhecemos como vontade; então também temos de reconhecer a essência íntima das forças e das exteriorizações dos corpos inorgânicos como idênticas com a vontade.

As forças dos corpos inorgânicos em parte mais assemelhadas às aparências de vida são as que se dão mediante o empenho deveras resoluto, a direção definida, a exteriorização vinculada a circunstâncias combinadas: por exemplo, o magnetismo do ferro, as forças de choque, de atração, de repulsão, e de decomposição do galvanismo e da eletricidade, a propagação e o tipo de efeito da luz, do calor; em parte são as forças que, ao trazerem à tona certas formas exteriores, aproximam-se do orgânico, isto é, a cristalização em diversas figuras, que no entanto são, devido à determinação da índole interior, bastante regulares e imutáveis; em parte, são as forças químicas, isto é, inclinações recíprocas inerentes a certos corpos e que só se manifestam em estado líquido, através das quais surgem diluições, decomposições, ligações acompanhadas de múltiplos e precisamente determinados graus de inclinação e aversão, isto é, de afinidade eletiva, e de uma medida bem fixa de quantidades mútuas pelas quais se ligam. Em parte, são, por fim, as forças que, as mais distantes da vida, são o objeto empírico da mecânica: as exteriorizações de rigidez e de fluidez, de dureza, elasticidade, gravidade, o fazer efeito através de pressão, choque, tensão.

Mas todas essas exteriorizações provêm de uma força que constitui a essência íntima dos corpos e da qual não se pode mais dar informação alguma. Se antes reconhecemos por nossas inferências que aquilo que aparece à simples representação como ser humano e animal movendo-se por motivos é em si, fora da representação, vontade; e, se transmitimos esse conhecimento às plantas que se movimentam por meros estímulos, não por motivos, e também nelas reconhecemos novamente como seu mais íntimo nossa própria essência, e, se separamos sua existência de tudo o que existe apenas para a representação, o que resta só pode ser Vontade de vida e existência; então agora também temos de dar o último passo e, através do conhecimento de nosso próprio ser, aplicar o único esclarecimento que obtivemos fora da representação sobre a essência em si das coisas àquelas aparências que são as mais afastadas de nós, e, portanto, dizer que o que ali se nos apresenta como corpo inorgânico com forças características e não mais deriváveis, mas existe apenas em nossa representação, tem de ser, fora dela, e em si mesmo, justamente aquilo que reconhecemos em nós como a fonte de todas as nossas exteriorizações e que nomeamos vontade.

Para apreender isso de modo imediato, não só abstrata mas intuitivamente, tornai presente a si mesmos o mais vivamente possível as forças da natureza inorgânica em todo o vigor e em toda a veemência de suas exteriorizações: consideremos o ímpeto violento com que a massa aquosa cai irresistivelmente nas profundezas; consideremos a persistência com a qual o ímã sempre se volta para o Polo Norte; o anelo com que o ferro é atraído pelo ímã; senti, no choque elétrico, a veemência com que os polos da eletricidade, duas metades de um ser, empenham-se por novamente reunir-se; consideremos a partir de uma dissolução de sal os cristais em formação, como eles rápida e repentinamente se originam e, com tanta determinação de direção, produzem a formação mais regular que manifestamente nada mais é senão um empenho precisamente determinado em diversas direções, apreendidos e paralisados

Metafísica da natureza

pela solidificação; consideremos as forças que são objeto da química, a afinidade eletiva, a escolha com que os corpos, quando os laços de rigidez são removidos e colocados na liberdade pela fluidez, se buscam, fogem, se unem, se separam; – por fim, senti imediatamente como uma carga, cujo esforço em direção à massa terrestre trava vosso corpo e constantemente o pressiona, o impele para ela perseguindo sua única aspiração; então reconhecei em tudo isso vossa própria essência, mesmo a tão grande distância!, aquela mesma essência que em nós persegue seus fins à luz do conhecimento e κατ'ἐξοχήν[64] porta o nome vontade; lá, entretanto, naquelas mais tênues de suas aparências empenha-se cega, abafada, unilateral e invariavelmente; todavia, se lá separarmos o que é mera aparência e apreendermos a essência em si, então notamos que em toda parte é uma e a mesma coisa e, tanto lá quanto cá, tem de levar o nome vontade tanto quanto os primeiros raios da aurora compartilham junto aos intensos raios do meio-dia o nome luz do sol: tanto lá quanto cá é a mesma essência íntima, que nós, segundo o mais distinto de seus aparecimentos, e o único que nos é conhecido imediatamente, denominamos vontade e, com isso, conhecemos e designamos o que é o ser em si de cada coisa no mundo e o único núcleo de cada aparência. Isso o demonstrei até onde foi possível demonstrá-lo: eu conduzi a minha audiência pelas gradações das aparências em via descendente, e sempre apresentando o conhecimento imediato da própria essência como a chave para todas as aparências: demonstrar de outro modo não o posso: cada um deve apreendê-lo imediatamente: pois aqui juízos não são deduzidos de juízos; meros

---

64 "Por excelência". (N. T.)

conceitos não são empurrados daqui para acolá, para, de suas relações, obter-se novas combinações; aqui não são demonstradas meras relações de representações com representações; mas, aqui, tem de ocorrer a transição da representação para o que não é representação, mas essência em si, e a relação entre as duas tem de ser apreendida a partir do conhecimento de si mais imediato: o conhecimento imediato da essência íntima da aparência, que a cada um de nós é dado pela própria existência, tem de ser de transmitido aos seres que nos são conhecidos apenas mediatamente: essa compreensão é a *verdade filosófica*. Eu posso apenas apontá-la; apresentá-la da maneira mais próxima e distinta possível; a transição da representação para a coisa em si, cada um por si próprio tem em última instância de fazer: reconhecer o um e mesmo, o que nos é mais familiar, no múltiplo e diferente. Palavras e conceitos sempre serão áridos: pois isso faz parte de sua natureza. Seria uma esperança tola se quiséssemos esperar que as palavras e o pensamento abstrato fossem e realizassem o que a intuição viva, que gerou o pensamento, foi e realizou. Unicamente essa intuição viva é o verdadeiro conhecimento; já o pensamento em conceitos é apenas a múmia dela, e as palavras são apenas a tampa do caixão da múmia. Aqui está fincado o limite do espiritualmente comunicável; apenas conceitos deixam-se comunicar; não a intuição, e de fato ela unicamente é o conhecimento por inteiro perfeito: por isso ninguém pode por doutrina inocular seu espírito em outrem: mas cada um, em referência ao conhecimento propriamente dito, isto é, intuitivo, tem de permanecer no limite que envolve sua natureza. — No entanto, apesar de tudo isso, a comunicação por palavras e conceitos secos tem a vantagem de que, uma vez que os tenhamos compreendido, talvez mais tarde,

Metafísica da natureza

quando o conhecimento intuitivo entrar em cena, tenhamos um recipiente pronto para ele, o entendendo imediatamente, reunindo o que se pertence e de imediato apreendendo distintamente o que conhecemos de forma intuitiva. O conceito assemelha-se ao estojo metálico que, embora sem vida, no entanto serve para conservar e carregar a planta viva de modo seguro para casa.

Entretanto, a separação, sim, a ilusão de uma total diferença entre as aparências da natureza inorgânica e a vontade, esta que percebemos como o íntimo de nosso próprio ser, origina-se principalmente do contraste entre a regularidade inteiramente determinada segundo a qual os efeitos da natureza inorgânica acontecem e o arbítrio aparentemente sem regra que determina nosso próprio ser. Essa ilusão da grande diferença repousa sobretudo no fato de, sem termos retificado nosso conhecimento pela filosofia, não nos darmos conta de como nós também somos por inteiro impulsionados necessariamente por motivos. Isso eu o abordarei sobretudo em minha ética. Que isso não seja imediatamente conhecido reside no fato de que o motivo, embora faça efeito necessariamente, no entanto só o faz sob a pressuposição do caráter: este, contudo, é diferente em cada um e não é dado imediatamente ao conhecimento, mas só a partir da experiência é que aprendemos de modo paulatino a conhecer os caracteres, tanto o nosso próprio quanto os alheios. Nos animais, nas plantas e nos seres sem vida, ao contrário, cada espécie tem apenas *um* caráter, que vale para cada indivíduo, e não é difícil investigá-lo porque ele entra em cena de modo simples e sem dissimulação. No ser humano aparece de fato poderosamente a *individualidade*: cada um tem o seu próprio caráter: por isso, o mesmo motivo não tem a mesma violência sobre todos: mas um motivo movimenta uma pessoa, e a outra de modo algum, esta que no entanto é movimentada por outro motivo completamente diferente: também o efeito do motivo em dado caráter é ainda modificado pela acuidade ou debilidade do conhecimento, *illustratio*, e por mil circunstâncias adicionais que têm lugar na ampla esfera de conhecimento de um indivíduo racional, as quais, porém, permanecem desconhecidas ao observador: eis por que a partir do motivo não se pode predeterminar a ação (como, de uma causa, o efeito), porque falta o outro fator, o preciso conhecimento do caráter individual e do conhecimento que o está acompanhando. Nesse contexto, as aparências das forças naturais nos mostram, contrariamente, o outro extremo: elas fazem efeito conforme leis universais, sem exceção, sem individualidade, submetidas à mais exata prévia determinação, conforme circunstâncias visivelmente manifestas, e a mesma força natural exterioriza-se exatamente da mesma maneira nos milhões de suas aparências. — Para melhor esclarecer esse ponto e demonstrar a identidade de uma e indivisível vontade em todas as suas tão diferentes aparências, tanto nas mais débeis quanto nas mais nítidas; temos de antes considerar a relação que tem a vontade como coisa em si com sua aparência; isto é, a relação do mundo como vontade com o mundo como representação.

10

Referência da coisa em si à sua aparência, ou referência do mundo como vontade ao mundo como representação

Voltemos às considerações que fizemos nas primeiras aulas e aos seus resultados. O mundo como representação tem duas partes essenciais e inseparáveis, sujeito e objeto, que têm apenas uma existência relativa; a saber, cada uma das partes é mera correlata da outra: sua fronteira comum e inextensível, que por conseguinte pode ser encontrada tanto partindo do sujeito quanto do objeto, é a forma de todo objeto, e de novo o modo de conhecimento de todo sujeito. Tal forma é espaço, tempo e causalidade: que encontramos, segundo todas as suas determinações e leis e a possibilidade de todas as suas formas, já presentes na consciência, por consequência conhecidas completamente *apriori*: este conhecimento é independente do conhecimento dos objetos que nelas se expõem: formas da aparência ou modos de intuição do sujeito, constituição do objeto na medida em que é objeto em geral, isto é, na medida em que é representação, isto é, aparência.

Ora, se as aparências que se apresentam nessas formas não são fantasmas vaporosos mas têm um significado: então elas têm de apontar para algo que tem de ser a expressão de algo outro que não é mais, como elas mesmas, objeto, representação, um meramente relativo, a saber, que existe apenas para um sujeito; mas é algo que existe sem tal dependência de uma condição essencial e de suas formas, isto é, algo que justamente não é *representação alguma* mas uma *coisa em si*. Nesse sentido, é permitido ao menos perguntar: "Aquelas representações, aqueles objetos são algo mais além de representações, além de objetos para um sujeito?, e, nessa direção, o que seriam? O que é aquele seu outro lado *toto genere*[65] diferente da representação? O que é a coisa em si?". – A vontade, foi nossa resposta; que, no entanto, deixo agora de lado. Pois consideraremos agora apenas a referência que a coisa em si *como tal* pode ter à sua aparência.

Já descobrimos antes que, não importa o que seja a coisa-em-si, tempo, espaço, causalidade não são determinações dela, mas meramente lhe convêm depois e na medida em que se torna representação, isto é, pertencem à sua aparência, não à vontade mesma. (Essa forma inteira da aparência nós a exprimimos no princípio de razão.) Ora, visto que o sujeito constrói e conhece plenamente aquelas formas a partir de si e independentemente do objeto, elas têm de aderir ao *ser-representação como tal*; não ao que vem a ser representação. Têm de ser forma da representação como tal, não qualidades originárias daquilo que assumiu essa forma. Têm de se originar da contraposição entre sujeito e objeto como as determinações mais precisas dessa forma fundamental da aparência em geral. – Desde o início já conhecemos igualmente que aquilo que na aparência, no objeto, é condicionado por tempo, espaço e causalidade, que só é possível e representável por meio destes, também só pode aderir à

---

65 "Em gênero inteiro". (N. T.)

Metafísica da natureza

aparência enquanto tal, não àquilo que aparece: é o caso de toda figura, grandeza, pluralidade de coisas semelhantes através da justaposição e da sucessão, modificação e duração, sim, a matéria mesma, pois esta é integralmente causalidade, logo, existe apenas para esta forma do entendimento. Tudo isso tomado em conjunto adere apenas à aparência como sua forma, existe apenas na aparência, mas não é essencial ao *quê* ali aparece, ao *quê* entrou nessa forma da representação, mas lhe é estranho.

Ao contrário: aquilo que na aparência não é condicionado por tempo, espaço e causalidade, não é redutível a eles nem explanável através deles; — será precisamente aquilo em que o que está aparecendo, a coisa em si, dá sinal de si imediatamente. A coisa em si no entanto aflora no conhecimento apenas pelo *medium* daquelas formas do conhecimento. Em conformidade com isso, a mais perfeita cognoscibilidade, ou seja, a maior clareza e distinção e a mais exaustiva fundamentabilidade convêm necessariamente ao que é próprio do conhecimento *como tal*, logo, pertence à simples forma do conhecimento; de modo algum ao que em si *não* é representação e só é cognoscível mediante sua entrada nessa forma, isto é, quando vem a ser representação, quando vem a ser objeto. Portanto, apenas aquilo que só depende de ser-conhecido, de ser-representação em geral e como tal (não o que é conhecido e se tornou representação) e que, portanto, pertence sem distinção a tudo o que vem a ser conhecido e nesse sentido pode ser encontrado quer se parta do sujeito quer se parta do objeto — apenas isso nos poderá proporcionar sem reserva conhecimento suficiente, exaustivo e claro até seu último fundamento. Isso, entretanto, nada é senão as formas que conhecemos *apriori* de todas as aparências — princípio de razão — quando de sua intuição: espaço, tempo, causalidade. Exclusivamente sobre tais formas é que se fundam a matemática pura e a ciência pura *apriori* da natureza. Por isso que só em tais ciências o conhecimento não encontra obscuridade alguma, não se choca contra o infundado (sem fundamento, vontade?), contra o não mais inferível. Porém o último aqui, aquilo a que toda inferência deve ser remetida, é claro por si mesmo, e de modo algum pode ser representado de outro modo, logo, é expresso como axioma. *Illustratio*. (Por isso Kant quis denominar exclusivamente a tais conhecimentos, ao lado da lógica, de ciências.) Por outro lado, tais conhecimentos não mostram nada além de meras relações e proporções de uma representação com outra, forma sem conteúdo. Todo conteúdo que recebem, cada efetiva aparência que preenche tais formas, já contém algo que não é mais totalmente cognoscível em sua essência, não é mais inteiramente explanável por outra coisa e, daí, não se pode mais ver por que é exatamente assim e não completamente diferente; portanto, há algo ali de infundado, em que o conhecimento perde de súbito em evidência e em perfeita cristalinidade; trata-se das qualidades das coisas, das forças naturais, das figuras dos seres vivos. Ora, isso que se furta à fundamentação, contudo, é justamente a coisa em si, aquilo que essencialmente não é representação, não é objeto de conhecimento e só se torna cognoscível quando entra naquela forma, quando se torna objeto. A forma lhe é originariamente alheia e jamais pode se tornar uma com ela. A coisa em si jamais pode ser remetida à mera forma e, como esta é o princípio de razão, jamais pode ser plenamente *fundamentada*. Se, por conseguinte, também toda matemática nos dá conhecimento exaustivo daquilo que na aparência é grandeza, posição, número, em uma palavra, relação espacial e temporal; se toda etiologia nos ensina plenamente as leis segundo as quais as aparências entram em cena com todas as suas determinações, na forma de causa e efeito, no tempo e no espaço; ainda assim, em tudo isso, nada se aprende senão por que toda vez cada aparência determinada tem de se mostrar precisamente agora aqui e precisamente aqui agora. Dessa maneira, com a ajuda de tais ciências nunca *podemos penetrar* na essência íntima das coisas; sempre permanece algo alheio à explanação; algo que, contudo, a explanação sempre pressupõe, a saber, as forças da natureza, o modo determinado de fazer-efeito das coisas, a qualidade, o caráter de cada aparência, as formas dos viventes: isso é o infundado que não depende da forma da aparência, do princípio de razão, isso é o alheio originariamente a esta forma, mas que nela entrou e apareceu conforme sua lei: contudo, essa lei determina exatamente apenas o que é aparecente, não o *Quê* aparece, determina apenas o *Como*, não o *Quê* da aparência, apenas a forma, não o conteúdo. A *morfologia* renuncia no todo a qualquer explanação; ela apenas nos apresenta de maneira ordenada o que está aí, e não se impõe a tarefa de mostrar por que ou como isso se origina e vem a ser. A *etiologia* dá conta do que acontece e vem a ser: mas como?

Mecânica, física e química ensinam as regras e as leis segundo as quais as forças de impenetrabilidade, gravidade, coesão, rigidez, fluidez, elasticidade, calor, luz, afinidades eletivas, magnetismo, eletricidade etc. fazem efeito, isto é, nos mostram a lei, a regra observada por essas forças em cada um de seus aparecimentos no espaço e no tempo: porém, as forças mesmas permanecem ali *qualitates occultae*.[66] E têm de permanecê-lo,

---

66 "Qualidades ocultas". (N. T.)

pois se trata exatamente da coisa em si, que, à medida que aparece, expõe esses fenômenos. Porém, ela mesma é totalmente diferente deles; embora em sua aparência esteja submetida ao princípio de razão, como forma da representação, ainda assim nunca é remissível a esta forma e, por conseguinte, suas aparências não são etiologicamente explanáveis até seu fundo, não podendo serem por inteiro fundamentadas; o que assim aparece pode até ser, por uma explanação acessória, plenamente compreensível, na medida em que assume aquela forma, isto é, na medida em que é aparência; contudo, essa compreensibilidade não explana um mínimo sequer sua essência íntima.

Falsas concepções dos aristotélicos e igualmente dos cartesianos sobre a natureza

Compreendereis melhor o que quero dizer se eu salientar aqui de passagem e resumidamente duas aberrações produzidas pelo espírito humano relacionadas ao assunto ora considerado, embora essa discussão pertença propriamente à história da filosofia. – *Dum vitant stulti vitia in contraria currunt.*[67]

Essas duas aberrações são os modos *aristotélico* e *cartesiano* de consideração da natureza. O aristotélico dominou não apenas os tempos antigos (em que, no entanto, o modo demócrito-epicurista, que é análogo ao cartesiano, freava sempre o domínio do aristotélico, coexistindo com este), mas também nos novos tempos através dos longos séculos da Idade Média; até que no início do século XVII o modo cartesiano pôs fim a ele:

---

67 "Os bobos, enquanto evitam uns vícios, nos contrários caem." (Trad. France Murachco) (N. T.)

(um pouco antes e quase ao mesmo tempo Bacon forneceu o método da correta consideração da natureza em geral).

Aristóteles construiu toda a natureza a partir de *forma e matéria*: a *materia prima* era sem qualquer qualidade e sem figura, contudo, com tanto anelo por forma que, assim que deixava uma forma, instantaneamente agarrava outra para junto com ela ligar-se a *uma* substância. A forma dividia-se em *forma accidentalis* e *substantialis*.[68] – *Forma accidentalis* era efetivamente simples *forma* no sentido estrito do termo, logo figura, grandeza, posição das partes, como se tornaram coisas por *causas exteriores*: é portanto especialmente a forma *artificial*.

Forma substantialis, ao contrário, era propriamente aquilo que, unido intrinsecamente à matéria bruta, fazia de uma coisa o que ela era. A *forma substantialis* de Aristóteles é a essência íntima propriamente dita de cada coisa, sua qualidade específica, o fundo mais íntimo de todos os seus modos de fazer efeito, de todas as suas forças e de todas as suas exteriorizações. (A expressão *forma substantialis* deve ter sido primeiro empregada por Averróis; o conceito, porém, é mais antigo: Aristóteles expressa o mesmo através de εντέλεχεια, também através de τὸ τί ἦν εἶναι, que os escolásticos denominam *quidditas*.) As determinações individuais da *forma substantialis*, isto é, tudo aquilo que não era possível demonstrar ter outro fundamento senão precisamente a *forma substantialis*, são as *qualitates occultae*.[69] Assim, a *forma substantialis* do ouro é o princípio interior devido ao qual ele tem seu peso específico, sua cor, sua fusibilidade, sua ductilidade etc.: e estes são sua *qualitates occultae*. Alteração da *forma accidentalis* é

---

68 "Forma acidental e forma substancial". (N. T.)
69 "Qualidades ocultas". (N. T.)

mera *mudança*; alteração da *forma substantialis* é *corrupção* da anterior e *geração* de uma nova *forma substantialis*. A *forma substantialis* pode ser inanimada, vegetativa, animal e racional.

Pode-se ver que a *forma substantialis* é justamente o que denomino a exteriorização da coisa em si por intermédio da forma da representação, ou, mais precisamente, o grau de objetivação da vontade em uma coisa. A concepção era no essencial bastante correta: errou-se apenas em seu emprego. Em verdade, Aristóteles mesmo, apesar disso, jamais deixou de prosseguir na investigação da natureza. Somente na Idade Média é que se acreditou ter explanado suficientemente a natureza apenas pelo fato de se recorrer à *forma substantialis* e às *qualitates occultae*. Em vez de efetivamente buscarem as propriedades e as forças originárias das coisas, irredutíveis a quaisquer outras, o que só pode ocorrer pelo longo caminho da experiência e do experimento; em vez de mostrarem como uma única e mesma força expõe-se diferentemente em mil aparências diferentes e de encontrarem as leis de suas exteriorizações, estabeleciam bastante rápido o objetivo e logo em seguida recorriam à *forma substantialis* e às *qualitates occultae*. Com isso, a árvore era árvore devido a sua *arboreitas*, o ferro, devido a sua *ferreitas*, um corpo pesado e outro leve, devido a suas *gravitas* ou *levitas*; fluido, devido a sua *fluiditas*; duro, devido a sua *duritas* e *rigitas*; o pão era pão devido a sua *paneitas* e coisas semelhantes. Logo, para explanação de uma aparência natural, eram rapidamente introduzidas *forma substantialis, qualitates occultae*, geração e corrupção, e dava-se o trabalho por encerrado. Em vez da explanação, tinha-se apenas bárbaros nomes latinos para a aparência. Então, por volta de 1630, veio Descartes e abandonou por completo o até então modo de filosofar. Em primeiro lugar, ele separou rigorosamente *espírito e corpo*

Metafísica da natureza

como dois seres inteiramente diferentes que absolutamente não tinham nenhum atributo comum. Apenas ao espírito, que diz respeito exclusivamente à alma do ser humano e a Deus, cabia a propriedade do *pensamento*: o corpo ou a matéria, que compreendia tudo o mais (animais, máquinas), não tinha propriedades algumas senão extensão, figura e movimento: era, pois, inerte, sem nada de análogo a vontade ou sensação. – A *materia prima*, a *forma substantialis*, a *qualitates occultae* foram suprimidas e, após mais de mil anos de grande deferência, tornaram-se então objeto de zombaria. As palavras desajeitadas, malsoantes e sem sentido que a filosofia escolástico-aristotélica fornecia, no lugar de explanação, que cedo estragavam as cabeças de tal modo que se tomaram palavras por conhecimento; perderam então todo o respeito: era-se agora compelido à intelecção clara e distinta, e tudo o que não fosse perfeitamente claro e distinto já era por isso mesmo duvidoso. Essa revolução do método filosófico é precisamente o grande mérito de Descartes e o verdadeiro espírito de sua filosofia. Todas as aparências da natureza doravante deveriam ser explanadas exclusivamente através de extensão, figura e movimento, logo, através das leis da mecânica: nenhuma outra propriedade originária das coisas deveria ser levada em consideração. De *um* falso extremo caiu-se agora em *outro*. Em vez de cada aparência ser de imediato explanada em sua origem mediante uma propriedade originária não mais explanável, agora não deveria mais existir propriedade originária alguma nos corpos, tudo deveria ser derivado de propriedades que lhe seriam inerentes como *corpos*, nomeadamente, dureza, impenetrabilidade, movimentação, comunicação do movimento. Com vistas a reduzir todas as aparências a simples causas mecânicas por movimento, choque, extensão, figura de menores partes, várias hipóteses ideadas foram agarradas do ar, as quais não podiam ser comprovadas por experimento algum: foram ideados átomos com figuras e intervalos originários, uma sutil matéria etérea com suas correntes e *vórtices* que através de choques fazia os corpos terrestres percorrerem suas trajetórias, o ferro ser atraído pelo ímã, e assim todas as aparências eram colocadas em seu curso. Isso de fato satisfazia mais à compreensão que as muitas qualidades inexplanáveis; porém era algo tão arbitrariamente estabelecido quanto estas, e igualmente falso.

Felicissimamente surgiu na Inglaterra Bacon para pôr a investigação da natureza no reto caminho, a saber, o da pura experiência – livre tanto de *Qualitates occultae* tomadas arbitrariamente quanto de hipóteses arbitrariamente ideadas – e com limitação da natureza a algumas poucas forças. Dever-se-ia investigar, fazer experimentos e em seguida, a partir da experiência, mediante *indução*, ascender aos princípios universais da natureza e às primeiras propriedades das coisas. Bacon era tão contra e inimigo de Aristóteles quanto o era Descartes. Seu método era contrário ao método aristotélico da seguinte forma: ele pretendia fundar todo o conhecimento na *indução*, logo, na ascensão do particular ao universal, dos casos à regra, o universal devendo ser fundado através do particular: em vez disso, o método aristotélico e escolástico é o do *silogismo*, o da descida do universal ao particular, o da determinação do particular a partir de regras universais: o que só pode ocorrer com razão se se tem uma ciência completa da natureza; não se ela primeiro deve ser encontrada.

Bacon conhecia os erros da escolástica aristotélica tão bem quanto Descartes, e os descartou tão bem quanto este: porém, não foi seduzido por novos erros como o foi Descartes. – Decerto

Metafísica da natureza

Bacon apenas forneceu propriamente dizendo o método do filosofar e do investigar a natureza, mas não forneceu *specimina*[70] mesmas nem fez ensaios, como Descartes, que até mesmo fez experimentos: o emprego do método fornecido por Bacon podemos vê-lo especialmente nas descobertas de Newton, obviamente não na teoria das cores.

Depois que, desde Bacon, e seguindo o caminho geral indicado por ele, a investigação da natureza realizou mais progresso do que o efetuado nos séculos anteriores: então o falso das aberrações aristotélico-escolásticas e também o das cartesianas foi escancarado. Vemos que não é possível negar de modo arbitrário as propriedades e as forças originárias das coisas não explanáveis fisicamente, como o fez Descartes, tampouco é possível supô-las onde não existem, detendo-se assim a cada passo, como o fez a escolástica aristotélica. As forças mecânicas, a extensão, a impenetrabilidade, a transmissão de movimento através de choque, são também *qualitates occultae* e não pressupõem outras forças originárias, motivo esse justamente pelo qual quis-se fazer delas a fonte exclusiva de todas as aparências da natureza. A física tem de se limitar a certas forças que são irredutíveis a outras, logo, a forças e propriedades das coisas que não são mais explanáveis fisicamente. A dificuldade, entretanto, é aí nada levar em conta senão o que de fato existe na efetividade: em seguida determinar corretamente como *lei natural* as regras de exteriorização de cada força; e remeter cada aparência isolada à força originária que ali se exterioriza e demonstrar como aquela decorre desta, conforme uma lei universal da natureza. As forças originárias mesmas perma-

---

70 "Provas, amostras". (N. T.)

necem então um problema da filosofia, alocado na metafísica da natureza. A demonstração das forças originárias, a elaboração das leis de seu efeito, é o objeto de investigação do físico. O conhecimento da essência íntima da natureza, o conhecimento da fonte de todas as aparências, da coisa em si, é o objeto de investigação do filósofo.

Erro da etiologia sem fim e falsa redução das forças naturais a outras

Precisamente porque é tão difícil conhecer e estabelecer as forças originárias, que têm sua própria lei e são irredutíveis a outras forças já conhecidas, e porque é muito difícil diferenciá-las do que é a simples exteriorização modificada por circunstâncias de forças já conhecidas; precisamente por isso, em todos os tempos, uma etiologia ignara do próprio fim empenhou-se em reduzir toda vida orgânica a forças inorgânicas, tais como força elétrica e força química; e isso (ou seja, a qualidade) a mecanismo (efeito através da figura de átomos, de moléculas); e isso, reduzir a construções puramente geométricas (como a diminuição de um efeito conforme o quadrado da distância e a teoria da alavanca); por fim, a geometria resolve-se em aritmética que, por conta de sua unidimensionalidade, é a figuração mais apreensível, gerenciável, averiguável do princípio de razão. Provas desse método: átomos de Demócrito, vórtices de Descartes; física mecânica de Lesage, forma e composto de Reil como causa da vida animal. Provas que também se encontram na teoria de Locke das propriedades primárias e secundárias, na qual todas as qualidades não passam de modificações de solidez, extensão, figura, movimento. Retornaremos de novo a esse falso reducionismo das forças originárias. Por enquanto: supondo-se que fosse realmente assim; então com certeza tudo seria fundamentado e explanado, sim, tudo seria em última instância reduzido a um problema de cálculo, que seria então o ícone mais sagrado no templo da sabedoria. Mas, então, todo conteúdo da aparência teria desaparecido, permanecendo a mera forma. Já que a geometria e a aritmética, portanto meras determinações do espaço e do tempo, teriam a última palavra. Pois o *quê* aparece, seria, conseguintemente, por completo reduzido ao *como* aparece, seria reduzido a espaço e tempo: no entanto, semelhante *como* seria também o *apriori* cognoscível, por conseguinte, seria totalmente dependente do sujeito, então por completo redutível a este, logo, ao fim, mero fantasma, representação e absoluta forma da representação: e não se poderia mais perguntar por alguma coisa em si. – Se fosse assim, o mundo inteiro seria efetivamente dedutível do sujeito, e em realidade teríamos realizado aquilo que Fichte quis parecer realizar. Mas não é bem assim: fantasias, sofisticações,[71] nenhuma ciência. As muitas e variadas aparências na natureza foram com sucesso reduzidas a forças isoladas: isso sempre foi um progresso: várias forças a princípio tidas como diferentes foram derivadas umas das outras e assim se diminuiu seu número: precisamente agora parece que se reduzirá magnetismo e eletricidade, que até então se considerava como duas forças fundamentais e diferentes, a uma única força. A etiologia atingirá seu fim quando tiver estabelecido

---

71 No original: *Sophistikationen*, sofisticações no sentido de criação de sofismas, isto é, para Schopenhauer, fraudar, enganar nos argumentos. (N. T.)

e conhecido todas as forças originárias da natureza enquanto tais, e fixado seus tipos de efeito, isto é, a regra segundo a qual, no fio condutor da causalidade, as aparências de cada uma de tais forças entram em cena no tempo e no espaço e determinam reciprocamente suas posições: porém, sempre restarão ali forças arquetípicas, exteriorizações originárias, às quais cada explanação tem de ser remetida, sempre restará um conteúdo da aparência que não pode ser remetido à sua forma, sempre restará, portanto, algo não mais explanável por outra coisa segundo o princípio de razão. — Pois em cada coisa na natureza há algo a que jamais pode ser atribuído um fundamento, algo que não permite explanação alguma, algo cuja possível causa ulterior não pode ser investigada: trata-se da espécie típica de um fazer efeito, isto é, justamente a espécie de sua existência, a sua essência. Para cada efeito isolado de uma coisa pode-se demonstrar uma causa, da qual se segue que a coisa tinha de fazer efeito exatamente agora, exatamente aqui: mas, por que essa coisa em geral atua, e por que atua exatamente assim, jamais. (Exemplos)[72] Mesmo que não haja outras propriedades, e que se trate apenas de uma partícula de poeira, ainda assim revelará, ao menos como gravidade e impenetrabilidade, aquele algo infundado: esse algo infundado é ali o que para o ser humano é sua *vontade*, e, assim como esta, ele não está submetido em sua essência à explanação, sim, é em si idêntico à vontade. Para cada exteriorização da vontade, para cada ato isolado da mesma neste tempo, neste lugar, é possível demonstrar um motivo, do qual

---

72 É preciso ter em mente que Schopenhauer preparava este texto para ser lido em uma sala de aula. Aqui, ele anota para se lembrar de que terá de dar exemplos. (N. T.)

este ato, sob a pressuposição do caráter do ser humano, tinha de necessariamente se seguir: mas que um ser humano tenha exatamente esse caráter, que ele queira em geral, que dentre tantos motivos exatamente este e não outro, sim, que algum tipo de motivo movimente a vontade, eis aí algo de que jamais se pode fornecer o fundamento. Aquilo que para o ser humano é seu caráter infundado, pressuposto em qualquer explanação de seus atos a partir de motivos, é para cada corpo inorgânico precisamente sua qualidade essencial, a espécie de seu fazer efeito: as exteriorizações desta em cada ponto determinado do tempo são sem dúvida ocasionadas por ações vindas de fora, e assim explanadas, mas aquela qualidade essencial mesma, a espécie mesma de efeito, não é determinada por nada de exterior a ela; logo, não é explanável por nenhuma outra coisa: suas aparências isoladas, únicas pelas quais se torna visível, estão submetidas ao princípio de razão: ela mesma, no entanto, é sem fundamento. *M. S. Buch*, p.100.[73]

Trata-se de um erro tão grande quanto comum considerar que as aparências mais corriqueiras, universais e simples seriam as que mais bem compreendemos: mas estas são antes apenas as aparências de cuja visão, e ignorância sobre elas, mais nos acostumamos. *Illustratio*. Para nós, é tão inexplicável que uma pedra caia em direção à terra quanto que um animal se movimente. Falei antes, como tentaram reduzir as aparências viventes a forças químicas e estas a mecânicas. Acreditou-se que, caso se partisse das forças mais universais da natureza e se fizesse delas o fundamento de explanação – por exemplo, gravitação, coesão, impenetrabilidade –, poder-se-ia então explanar as for-

---

73 Schopenhauer remete a um de seus cadernos de anotação. (N. T.)

ças que atuam mais raramente e apenas sob a combinação de circunstâncias, por exemplo as forças e as qualidades químicas, a eletricidade, o magnetismo: a partir destas, por sua vez, desejou-se explanar o organismo, a vida dos animais, por fim o querer e o conhecer humanos. Então se operava com *qualitates occultae*, cuja elucidação foi totalmente abandonada, mas elas sempre implícitas, pois se pretendia construir sobre elas, e não escavá-las. Mas esse tipo de procedimento, como foi dito, não é possível, e jamais se reduzirá as vivas forças orgânicas a forças químicas e físicas. Aparte isso; tais edifícios sempre se sustentavam no ar. De que servem explanações que têm por ponto de partida algo que é tão desconhecido quanto o é seu próprio problema? Ao fim, não se compreende mais sobre a essência íntima daquelas forças universais da natureza, a partir das quais se quer tudo explanar, do que sobre a essência íntima de um animal: uma é tão inexplicável quanto a outra: é tão infundada quanto a outra, porque há nessas coisas algo que não reside no domínio do princípio de razão, algo que é sem fundamento, que é o conteúdo, o Quê da aparência, e jamais pode ser reduzido ao Como, à sua forma, ao princípio de razão. Por isso seria um erro caso se afirmasse que se compreenderia melhor os movimentos do próprio corpo se eles fossem reduzidos a causas elétricas, químicas, mecânicas. — Nós, diferentemente, que aqui praticamos não etiologia mas filosofia, isto é, não conhecimento relativo mas incondicionado da essência do mundo: trilhamos o caminho exatamente oposto, e partimos não das aparências que são as mais universais, no entanto as mais distantes do nosso próprio ser e por nós conhecidas apenas mediatamente; mas partimos Daquilo que nos é conhecido imediatamente o mais completamente possível, de modo

Metafísica da natureza

absolutamente confiável e mais próximo de nós, e procuramos, assim, tornar compreensível aquilo que é distante, unilateral e mediato: a partir da aparência mais poderosa, significativa e distinta, queremos aprender a compreender as aparências mais imperfeitas e débeis; em vez de usar o método comum e pretender explanar a aparência mais poderosa e distinta através do acúmulo e combinação de aparências mais débeis e imperfeitas.

Excetuando-se meu corpo, eu conheço de todas as coisas apenas *um* lado, o da representação: a essência íntima delas me permanece trancada e um profundo enigma; mesmo que eu conheça todas as causas das quais se seguem as suas mudanças. Pois esse conhecimento me fornece apenas a regra fixa segundo a qual entram em cena exteriorizações da essência íntima, porém nenhum esclarecimento sobre o que assim entra em cena; muito menos uma representação de como realmente a causa produz o efeito. Apenas na comparação com aquilo que se passa *em mim*, quando um motivo me movimenta, quando meu corpo pratica uma ação, e o que é a essência íntima de minha própria mudança, determinada, provocada por fundamentos exteriores; apenas a partir daí é que posso adquirir uma intelecção do modo como os corpos desprovidos de vida exteriorizam efeitos determinados por causas, e posso assim, também, alcançar a compreensão de sua essência íntima de cujo aparecimento e exteriorização, o conhecimento da causa me fornece a mera regra de sua entrada em cena no tempo e no espaço e nada mais. Eu posso proceder dessa forma porque meu corpo é o único objeto do qual não conheço apenas *um* lado, o da representação, mas também o segundo, que se chama vontade. Em vez de acreditar que compreenderíamos melhor nossa própria organização, bem como meu conhecer e meu querer e nosso movimento por motivo se pudéssemos reduzi-los ao movimento a partir de causas, reduzi-los aos fenômenos da eletricidade, do quimismo, do mecanismo etc.: em vez disso, e na medida em que praticamos filosofia e não etiologia, temos de proceder de modo totalmente contrário, na medida em que temos antes de tudo de também aprender a compreender os movimentos mais comuns e mais simples dos corpos inorgânicos que vemos se seguirem de causas, a partir de nossos próprios movimentos que se seguem de motivos, e reconhecermos que as forças infundadas que se exteriorizam em todos os corpos da natureza são idênticas em tipo e essência àquilo que em nós é vontade, e diferentes apenas segundo o grau e na aparência. Lembremos aqui que, para demonstrar-lhes as quatro figuras do princípio de razão, reparti todos os objetos do sujeito em quatro classes. — — A última dessas classes tem de nos fornecer a chave para o conhecimento da essência íntima da primeira, e, a partir da lei de motivação, temos de aprender a compreender a lei de causalidade. Esse é o caminho para a metafísica da natureza, para o conhecimento da coisa em si em todas as aparências. Temos de aprender a compreender a natureza a partir de nosso si-mesmo, não nosso si-mesmo a partir da natureza.

Espinosa diz (ep.62) que se uma pedra voasse ao ar, depois de um choque, e tivesse consciência, ela iria pensar que voava por vontade própria. Eu apenas acrescento que a pedra teria razão. O choque é, para ela, o que para mim é o motivo; e o que nela aparece como coesão, gravidade, rigidez no estado adquirido, é em si e segundo sua essência íntima o mesmo que reconheço em mim como vontade, e que a pedra, se tivesse consciência, isto é, conhecimento, representação, também reconheceria como vontade. A diferença entre mim e a pedra não reside no fato de eu ter vontade e ela não; mas no fato de que essa vontade é em mim acompanhada de conhecimento e, assim, é imediatamente alumiada, na pedra não. Espinosa, naquela passagem, teve sua atenção chamada para a *necessidade* com que a pedra voa; e quer transmiti-la, com razão, à necessidade com que o ato isolado de uma pessoa se segue ao motivo. Eu, por outro lado, considero aqui a essência íntima, que comunica a toda necessidade real — como sua pressuposição (isto é, efeito a partir de causa) — sentido e validade, e que no ser humano se chama caráter, na pedra, qualidade, mas que nos dois é essencialmente a mesma coisa, e, ali onde é imediatamente conhecida, nomeia-se vontade: essa essência tem na pedra o grau mais baixo de sua visibilidade, de sua objetidade, no ser humano, o mais alto.

Unidade metafísica da vontade

Recordemos agora o que lhes apresentei, na doutrina dos poderes de conhecimento, sobre o *principium individuationis* — tempo e espaço considerados como tendo a propriedade de conterem a possibilidade de pluralidade do que é da mesma espécie. Em seguida, reconhecemos tempo e espaço como formas do princípio de razão, as quais contêm em si todo o nosso conhecimento *apriori*. Tudo isso, como foi devidamente fundamentado, diz respeito apenas à cognoscibilidade das coisas, não ao que elas mesmas possam ser em si; por consequência, trata-se apenas da forma de nosso conhecimento, não de propriedade da coisa em si: esta tem de ser livre de toda forma que adere ao conhecimento como tal, mesmo a forma do objeto para um sujeito; isto é, tem de ser algo absolutamente diferente da representação. Se, a partir do mais imediato conhecimento de si e da reflexão sobre isto, tornou-se-nos evidente e certo que aquela coisa em si é a vontade; então, segue-se que ela, como tal, e despida de sua aparência, reside também exteriormente ao *principio individuationis*, por conseguinte, é estranha a qualquer pluralidade; logo, *é una*: mas não como um indivíduo, muito menos como um conceito é uno; porém como algo que é alheio àquilo que é a condição de possibilidade da pluralidade. Por isso, temos dessa unidade apenas um conhecimento *negativo*: cada representação positiva que nós procuramos dela fazer é falsa. As coisas no espaço e no tempo são, em conjunto, a sua *objetidade*; contudo, a pluralidade delas não lhe afeta e, apesar desta, permanece una e indivisível. Não é como se houvesse uma parte menor da vontade na pedra, uma maior no ser humano: mas, também, o que é a mais e o que é a menos afeta apenas a aparência, isto é, a visibilidade, a objetivação: desta há um grau maior na planta do que na pedra; um grau maior no animal do que na planta: sim, a entrada em cena da vontade na visibilidade possui tantas infinitas gradações, como a existente entre a mais débil luz crepuscular e a mais brilhante luz solar, entre o som mais elevado e o eco mais distante. Esses diferentes graus de sua visibilidade tornar-se-ão agora o objeto de nossa consideração, e veremos precisamente como também essa gradação pertence à sua objetivação, pertence à efígie de sua essência. — Ora, assim como as gradações de sua objetivação não lhe afetam imediatamente, afeta-lhe menos ainda a pluralidade das aparências nesses diferentes graus, isto é, a multidão dos indivíduos de toda forma, ou as exteriorizações isoladas de cada força, pois essa pluralidade é condicionada imediata-

Metafísica da natureza

mente por tempo e espaço, nos quais a vontade mesma jamais entra. A vontade manifesta-se no todo e completamente tanto em *um* quanto em milhões de carvalhos: o número deles, sua multiplicação no espaço e no tempo não possui sentido algum em referência a ela mesma; mas existe apenas para a aparência, e tem sentido para os indivíduos que, multiplicados e dispersos no espaço e no tempo, eles mesmos são apenas aparências e conhecem apenas aparências.

Magia da vontade: p.187.

11

Os graus de objetivação da vontade

Quem foi feliz o suficiente a ponto de dedicar-se a um estudo cuidadoso de Platão, notará, sem que eu faça lembrar, que, caso se considere os graus de objetivação da vontade, abstraídos dos inumeráveis indivíduos, nos quais eles, através do espaço e do tempo, aparecem diversificados, graus esses que consequentemente existem como protótipos inalcançáveis ou formas eternas, isto é, atemporais de suas aparências, eles mesmos que nunca entram no tempo e no espaço, *medium* do indivíduo, mas existem fixamente, não submetidos a mudança alguma, sempre são e nunca vieram a ser, enquanto as aparências nascem e perecem, sempre vêm a ser e nunca são; quem leu Platão notará, portanto, que esses *graus de objetivação* da vontade nada são senão as *Ideias de Platão. Illustratio.* A esse respeito, elas serão o objeto propriamente dito da terceira parte, da estética.[74]

---

74 Refere-se à *Metafísica do belo*, seu terceiro conjunto de preleções, correspondentes ao terceiro livro de sua *opus magnum*. (N. T.)

Explanação da palavra *Ideia*

Aqui a abordo apenas de passagem para, doravante, poder usar a palavra Ideia nesse sentido. Pois ela frequentes vezes teve seu sentido alterado e por conseguinte tornou-se ambígua. Platão foi o primeiro a introduzi-la na filosofia: ele usou ιδέα e também είδος (figura) no mesmo sentido: ele compreende com isso as figuras permanentes, imutáveis dos inumeráveis seres que se apresentam no espaço e no tempo, compreende os tipos, as formas arquetípicas dos mesmos, os protótipos dessas cópias, protótipos estes que não nasceram, não perecem, sempre são. Logo, representações essencialmente intuitivas, não abstratas. Essa significação foi conservada pela palavra em toda a Antiguidade e até mesmo na Idade Média: pois não apenas todos os filósofos da Antiguidade, mas também os escolásticos e os teólogos da Idade Média usaram a palavra unicamente naquela significação platônica, no sentido da palavra *exemplar*. Só em tempos modernos é que ela foi indevidamente usada: primeiro por franceses e ingleses, os quais, devido à pobreza de suas línguas, nomeiam qualquer representação, *idée, idea*: em especial Locke. Então veio Kant e designou com isso os três objetos principais dos três ramos principais da filosofia até então por ele solapados: nomeadamente os objetos da teologia, da psicologia, da cosmologia: Deus, alma, mundo como uma totalidade em si mesma. Noutros termos, a ideia deveria ser um conceito da razão, de algo que jamais poderia ser dado na experiência, sim, cuja possibilidade ela não comprova, sim, nem mesmo se pode pensar corretamente: mas Ideia tem de ser algo intuível, e não um tal *abstractum* que não é alcançado pelo pensamento, muito menos pela visão; είδος, ιδέα se traduziria

Metafísica da natureza

melhor por clareza figurativa.[75] Depois de Kant, certos cavalheiros adquiriram a mania de nomear tudo o que não podia se dar na experiência, ideia, mas sobre o que, entretanto, teimavam em falar. Eles designam com isso as representações que não podem ser obtidas em experiência alguma: mas em seguida se ouve tudo quanto é tipo de quimeras sobre o assunto. Os filósofos da natureza nomeiam ideias suas hipóteses apanhadas no ar. Fazem-no em especial com três ideias: o verdadeiro, o belo, o bom. Estes são três conceitos elevadamente abstratos, excessivamente amplos; por consequência, pobres de conteúdo, e muito diferentes: cada um deles será por nós considerado em seu devido lugar.

Tomamos a palavra Ideia em sua significação autêntica, originária, estabelecida por Platão. Eu entendo, pois, sob *Ideia*, cada fixo e determinado grau de objetivação da Vontade, na medida em que esta é coisa em si, como tal alheia à pluralidade. Esses graus de objetivação relacionam-se com as coisas singulares, relacionam-se com os indivíduos de todo tipo, decerto como suas formas eternas ou seus protótipos. Em si imutável e *una*, cada Ideia é pluralizada pelo *principium individuationis* em incontáveis indivíduos para o conhecimento do sujeito, o qual, ele mesmo, é indivíduo.

---

75 No original alemão *Anschaulichkeit*, que tem a ver com *anschaulich*, isto é, ilustrativo, figurativo, que pode ser claramente intuído; noutros termos, visão clara de algo.

12

Escalonamento da objetivação da vontade em linha ascendente

a) Natureza inorgânica

Quando, anteriormente, meu propósito era transmitir o conhecimento de que a essência íntima de todas as aparências e, consequentemente, de toda a natureza, é o que em nós da forma mais distinta apresenta-se como vontade, já que aí alcançou sua visibilidade máxima, motivo pelo qual a denominamos vontade: nessa ocasião percorri convosco a natureza de cima até embaixo, a fim de que, aos poucos, devêsseis reencontrar vossa própria essência em todas as aparências. Sendo assim, porque suponho que adquiristes esse conhecimento, encontra-se a vontade fixamente estabelecida como coisa em si: queremos, doravante, percorrer a direção contrária para ver como essa vontade, única que é a coisa em si, à medida que se objetiva, à medida que se torna representação, expõe todas as aparências que constituem a natureza, o mundo. Aqui, portanto, partiremos da natureza inorgânica carente de vida e concluiremos com o animal e o ser humano. Com isso, o que foi tratado até o momento ganhará em certeza e distinção e apreendereis a verdadeira metafísica da natureza.

Força natural

Como *os graus mais baixos* de objetivação da vontade, expõem-se as universais *forças da natureza*. Estas são, em parte, as que aparecem sem exceção em toda matéria, como gravidade, impenetrabilidade; e em parte as que se distribuíram de modo variado na matéria existente em geral, de forma que algumas dominam esta, outras aquela matéria diferente e específica na forma de rigidez, fluidez, elasticidade, eletricidade (aparentemente também em *todos* os corpos), magnetismo, propriedades químicas e qualidades de todo tipo. *Illustratio.* Todas essas forças são em si aparições imediatas da vontade tanto quanto os atos humanos: elas são em si sem fundamento como o caráter do ser humano: apenas suas aparências particulares estão submetidas ao princípio de razão, como as ações do ser humano: mas as *forças naturais* em si mesmas jamais podem ser chamadas de efeito ou causa; porém, elas são as condições prévias e pressupostas de toda causa e efeito, mediante os quais sua essência íntima se desdobra e se manifesta. Por isso é sem sentido perguntar por uma causa da gravidade, perguntar por uma causa da eletricidade. Essas são forças originárias cuja exteriorização de fato se dá por causa e efeito de tal maneira que cada aparência particular das mesmas tem uma causa, que por sua vez é também uma aparência particular e confere a determinação para que aquela força aqui se exteriorize e tenha de aparecer no tempo e no espaço; porém, de modo algum a força mesma é efeito de uma causa nem causa de um efeito. Por isso, também é falso dizer: "a gravidade é a causa de que a pedra caia": antes, a causa é aqui a proximidade da terra que atrai a pedra. A força mesma se encontra completamente fora da cadeia de causas e efeitos, que pressupõe o tempo e só neste e em relação a este tem significação: já a força encontra-se fora do tempo. A alteração particular também sempre tem outra alteração particular como causa, não a força mesma da qual ela é a exteriorização. Pois justamente o que sempre confere a essa causa, por mais incontáveis vezes que apareça, sua eficácia, é uma força natural. Cada causa só pode fazer efeito propriamente dizendo uma vez, ela é esgotada através de seu efeito e, depois de ter consumado a este, morre como causa; ela mesma tem de novamente tornar-se efeito, isto é, primeiro ser trazida por outra causa ao estado onde estava antes de seu fazer efeito, para de novo fazer efeito da mesma forma: por outro lado, o ente absolutamente infatigável, que faz o fogo queimar e derreter, que faz água congelar ou a solução de sal evaporar, que forma cristais, que a partir de vidro ralado ou de discos de coluna gera atritos e faíscas e através de toda a eternidade de sua eficácia não perde um átomo sequer de sua força nem se fatiga de sempre realizar o mesmo, eis aí é a força natural: ela é, como tal, sem fundamento, isto é, encontra-se totalmente fora da cadeia de causas, absolutamente fora do domínio do princípio de razão e é filosoficamente conhecida como objetidade imediata da vontade, que é o Em-si de toda a natureza; na etiologia, aqui física, ela é demonstrada como força originária, que como tal é *qualitas occulta*.

Contraposição do orgânico ao inorgânico no que se refere à individuação e à individualidade

Os graus mais elevados de objetidade da vontade são muito diferentes dos mais baixos, por isso o que neles é idêntico, mas não é reconhecido, se deve ao seguinte: em primeiro lugar, pelo fato de neles entrar em cena a *individuação*. Isto é, cada aparência da vontade é um ser que é um todo para si. *Illustratio*. Conexão e relação das partes. No caso do ser humano, à individuação acrescenta-se ainda a individualidade, o caráter individual (e a grande diferença dos caracteres individuais), isto é, a personalidade completa: que se exprime como fisiognomia individual fortemente destacada, que compreende toda a corporificação. Sim, quanto mais espírito tem o ser humano, quanto mais ele se eleva por sobre o comum, tanto mais individualidade de caráter. Povos atrasados, negros, mongóis do Oeste, têm pouco, são semelhantes entre si. Humanos de gênio também têm, igualmente, mais individualidade do que humanos comuns. Tudo nos primeiros é característico e individual, todo o seu ser e agir é característico e fortemente destacado. Eles são reconhecidos imediatamente, difíceis de serem confundidos, logo chamam a atenção etc. – Justamente pelo fato de com o aumento da consciência aumentar a individualidade é que a personalidade propriamente dita se mostra de modo perfeito. Porque isso é manifesto, segue-se que *vulgar* e *comum* são expressões de censura; já incomum, eminente, extraordinário, são expressões de louvor. *Vulgar* vale mais para o aspecto moral, um *ser humano vulgar*, uma alma vulgar; *comum* vale mais para o aspecto *intelectual*, um ser humano comum, uma cabeça comum. O *vulgar* é aquilo que cabe a toda a espécie. Quem não tem outra característica senão a de sua espécie, não pode ter grande valor: os que são seus iguais, a natureza os cria de uma fonte inesgotável. Nesse sentido, assemelham-se ao animal; pois também todo animal tem as características de sua espécie, mas nenhuma característica individual. Em certo sentido, sente-se que um ser que não tem outra característica senão a de sua espécie também não tem outra pretensão legítima à existência senão a existência de sua espécie. Pois *um* indivíduo é exatamente como o outro. Desçamos mais: animal algum tem propriamente dizendo caráter individual: eles têm meramente o caráter da espécie, nenhum caráter individual: um fraco indício deste têm os mais complexos: porém, o caráter da espécie domina-lhes por completo; do mesmo modo, nenhuma fisiognomia individual. Quanto mais se desce na escala dos seres, tanto mais qualquer vestígio de caráter individual se perde no caráter geral da espécie, cuja fisiognomia é a única que permanece. Conhece-se o caráter psicológico da espécie e se sabe exatamente o que se deve esperar do indivíduo. Na espécie humana, ao contrário, cada indivíduo tem de ser estudado e sondado independentemente: o que é de grande dificuldade, caso se queira previamente determinar com alguma segurança suas atitudes, pois com a faculdade de razão entra em cena a *possibilidade de dissimulação*. Sem dúvida que essa diferença da espécie humana em relação às demais vincula-se aos sulcos e às circunvoluções do cérebro, que nos animais são muito mais simétricos nos dois lados, e mais constantes em cada indivíduo deles do que no ser humano. Fenômeno do caráter individual[76] é o fato de os animais satisfazerem o impulso sexual sem escolha específica: enquanto entre os seres humanos há uma escolha específica — em verdade de acordo com o instinto e independente de qualquer reflexão — que vai até o amor mais apaixonado.

---

76 No original alemão, *Individualkarakter*. Entretanto, no contexto da argumentação, seria mais apropriado o filósofo referir-se ao caráter da espécie entre os animais, que os leva a satisfazer o impulso sexual sem escolha específica. (N. T.)

Portanto, cada ser humano é uma aparência particularmente determinada e característica da vontade; em certa medida, deve ser visto como uma Ideia própria. Nos animais, entretanto, falta esse caráter individual no todo, visto que apenas a espécie tem um caráter próprio; mesmo o vestígio disso desaparece quanto mais a espécie distancia-se do ser humano. A planta, ao fim, não tem a particularidade do indivíduo, excetuando-se a que pode ser explicada completamente a partir das influências favoráveis ou desfavoráveis do solo, do clima e de outras circunstâncias: todavia, nos animais e nas plantas, há sempre *individuação*, isto é, cada um é um todo para si, suas partes existem e vivem apenas pelo fato de pertencerem ao todo. Porém, esse tipo de pertencimento é menos vital nas plantas do que nos animais. Pois a vida da planta é distribuída muito mais equitativamente: cada ramo é uma pequena planta que vegeta na maior. Todavia, a árvore é um todo; oposição entre raiz e copa, ponto de indiferença entre ambas. Nenhum centro decisivo de vida: eis por que a árvore nunca morre subitamente: também a parte cortada vive: nunca se pode precisar o momento de sua morte. Os animais inferiores são semelhantes às plantas, os zoófitos (*animalia composita*), cada ramo do arbusto de corais vive para si mesmo; cada membro da tênia; no entanto todos ainda se ligam ao todo e contribuem para a sua vida. Em todos os animais de sangue frio há um vestígio disso no fato de uma parte cortada ainda ter vida e movimento, partes de cobra, de enguia; tartarugas vivem por algum tempo sem cabeça. Quanto mais perfeito o animal, tanto mais a vida concentra-se e ata-se a um ponto: os seres humanos e os animais mais perfeitos são imediatamente mortos com um golpe: pescoço e coração. Porque a individuação é perfeita. Por fim, no reino inorgânico,

Metafísica da natureza

desaparece por completo até mesmo qualquer individuação. Apenas o cristal, em certa medida, pode ser visto como indivíduo: trata-se de uma unidade de esforço em determinadas direções interrompido pela solidificação, deixando todavia permanentes os vestígios do esforço: o cristal é, ao mesmo tempo, um agregado a partir de sua figura germinal ligado por uma Ideia de unidade, exatamente como a árvore é um agregado nascido de uma fibra isolada que se desenvolve e se repete a si mesma, expondo-se em cada nervura, folha, haste, podendo-se, assim, em certa medida, considerar cada uma dessas partes como uma planta própria que se alimenta parasitariamente da maior: dessa forma, a árvore é um agregado sistemático de pequenas plantas, o cristal, de suas figuras nucleares: porém só a árvore toda, o cristal todo, expõe a Ideia: isto é, o grau determinado de objetivação da vontade. A individualidade, contudo, não existe de forma alguma no inorgânico. Os indivíduos da mesma espécie de cristal não podem ter outra diferença senão as produzidas por contingências exteriores: pode-se até, ao bel-prazer, fazê-los cristalizar em pequenos ou grandes. Também a célula voltaica tem em certo sentido individuação, ela é um todo para cuja eficácia contribuem todas as partes, e fazem efeito com força conjugada. Mas o indivíduo enquanto tal, isto é, com traços de verdadeira individualidade, de caráter próprio, de modo algum se encontra no reino inorgânico. Todas as aparências deste reino são exteriorizações de forças universais da natureza, isto é, exteriorizações de graus de objetidade da vontade que, diferentemente do que ocorre na natureza orgânica, de maneira alguma se objetivam intermediadas pela diferença entre indivíduos (que expressam parcialmente o todo da Ideia); mas expõem a si mesmas unicamente na espécie, e a esta por completo em cada aparência particular, e sem desvio, isto é, conforme leis. Visto que tempo, espaço, pluralidade e ser-condicionado por causas pertencem apenas à aparência, não à vontade nem à Ideia (grau de objetivação da vontade); então cada força da natureza, por exemplo a gravidade, ou a eletricidade, tem de expor-se como tal exatamente do mesmo modo em milhões de aparências, e apenas as circunstâncias exteriores podem modificar a aparência.

Leis naturais

Precisamente essa unidade perfeita da essência de uma força natural em todas as suas aparências, essa *constância inalterável* do aparecimento de suas exteriorizações, toda vez que, no fio condutor da causalidade, sejam dadas as condições, chama-se uma *lei natural*. Se uma tal lei, através da experiência, foi uma vez conhecida; então a aparência da força natural, cujo caráter é expresso e estabelecido na lei, pode ser calculado e predeterminado com exatidão. Essa legalidade das aparências nos graus mais baixos de objetivação da vontade é justamente o que lhes confere aquele *aspecto tão diferenciado* das aparências da mesma vontade em graus mais elevados, isto é, em graus mais distintos de sua objetivação, em animais, em humanos e seu agir, nos quais o aparecimento mais forte ou mais fraco do caráter individual e o vir a ser movimentado por motivos – com frequência ocultos para o observador, pois residem no conhecimento do indivíduo estranho – levaram até agora ao completo desconhecimento do idêntico da essência íntima de ambos os tipos de aparência.

A *infalibilidade* das leis naturais, caso se parta do conhecimento do particular, não da Ideia, logo, caso se parta do ponto

Metafísica da natureza

de vista empírico, não do ponto de vista filosófico, tem algo de bastante surpreendente, às vezes assustador. Admiramos o fato de a natureza não esquecer uma vez sequer suas leis: por exemplo, se é conforme determinada lei natural que uma vez na reunião de certos estofos sob determinadas circunstâncias haja uma ligação química, um surgimento de gás, uma combustão; segue-se de imediato e sem adiamento, tanto hoje quanto há milhares de anos, a entrada em cena daquela aparência determinada, sempre que as condições se reúnam por nossa intervenção ou por absoluto acaso (sendo aqui a precisão, devido ao inesperado, tanto mais surpreendente). Sentimos do modo o mais vivaz essa admiração em face de aparências raras que se dão só em circunstâncias bastante complexas e sob as quais, não obstante, foram por nós previstas: por exemplo, quando do fechamento dos polos de uma potente bateria galvânica, tudo tem de acender, até mesmo a prata, difícil de queimar, que arde com chamas verdes: caso se veja, por essa simples disposição de diferentes metais, esse fenômeno ser condicionado e então efetivamente entrar em cena, então se sentirá aquele incrível espanto sobre a precisão da natureza em conformidade com suas leis: como no caso da queima do diamante. Mas isso também pode ser percebido nas aparências mais cotidianas, por exemplo, na gravidade. Uma pedra no muro de um antigo templo permaneceu em seu lugar por milhares de anos, mas a gravidade jamais deixou de considerá-la; caso seja retirado o apoio dessa pedra, ela subitamente cai, exatamente conforme as leis matemáticas, em direção ao centro da terra. Propriamente dizendo, o que nos faz estremecer é a ubiquidade espectral das forças naturais: observamos algo que não mais nos espantava em aparências cotidianas, a saber, como a conexão entre causa e efeito é ao fim tão misteriosa como aquela imaginada entre uma palavra mágica e o espírito que, por ela invocado, aparece necessariamente. Por outro lado, saindo do ponto de vista empírico e indo para o ponto de vista filosófico, sabe-se: toda pluralidade do semelhante só se origina mediante as formas de nosso conhecimento, espaço e tempo, que justamente por isso são o *principium individuationis*: e assim se nota que aquele espanto diante da legalidade e da precisão do fazer-efeito de uma força natural, para além da perfeita igualdade de todas as suas milhões de aparências, para além da infalibilidade da entrada em cena das mesmas, em realidade é completamente similar ao espanto de uma criança ou de um selvagem que pela primeira vez considera através de um vidro multifacetado uma flor e então se admira com a perfeita igualdade das inumeráveis flores que vê, e conta individualmente as pétalas de cada uma delas. Por outro lado, quem penetrou no conhecimento filosófico de que uma força natural é um grau determinado de objetivação da vontade (isto é, daquilo que reconhecemos como nossa essência mais íntima), e que aprendeu a diferenciar essa Vontade como coisa em si de sua aparência, também reconheceu as formas dessa aparência como tal e as isolou da essência propriamente dita que aparece: formas essas que são tempo, espaço, causalidade; estas, e o que delas advém, pertencem meramente à aparência como tal; por conseguinte, também toda pluralidade do semelhante. Essa pluralidade do semelhante não pertence, portanto, de modo algum à Vontade como coisa em si, nem à *Ideia*, isto é, ao grau determinado de sua objetivação, mas meramente às aparências desta que entraram no *principium individuationis* e então, através de espaço e tempo, expõem-se separadas como uma pluralidade do semelhante. A lei de cau-

Metafísica da natureza

salidade, entretanto, tem sua significação apenas em referência ao tempo e ao espaço, na medida em que determina nestes o lugar daquelas múltiplas aparências por eles multiplicadas, regulando a ordem segundo a qual têm de entrar em cena. Quem dessa forma captou que tempo, espaço, causalidade pertencem não à coisa em si, mas apenas à aparência, que são apenas formas de nosso conhecimento, não índoles da coisa em si; não verá mais em todas aquelas tão variadas aparências que entram em cena tão regular e precisamente, uma pluralidade, mas verá uma e mesma *Ideia* que aparece, uma e mesma manifestação da vontade: dessa forma, recuperar-se-á daquele espanto pela precisão das forças da natureza, espanto este que sentiu quando olhou para tais forças apenas do ponto de vista empírico; assim como aquele que se espantava com as inúmeras flores iguais, recupera-se assim que percebe que essa aparência se deve ao vidro, talhado em múltiplas facetas, por cuja intermediação ele via uma única flor.

Portanto, aquela *força natural*, originária e universal da natureza, nada é em sua essência íntima senão a objetivação da vontade em um grau baixo: a cada um desses graus nomeamos *Ideia* eterna, no sentido que Platão atribuiu a essa palavra. Já a *lei natural* é a referência que a forma da aparência tem de sua Ideia. Essa forma é tempo, espaço, causalidade, que têm conexão necessária e inseparável, bem como relação recíproca. Por meio de tempo e espaço, a Ideia se multiplica em inumeráveis aparências: no entanto, a ordem do surgimento das aparências nessas formas da multiplicidade é fixamente determinada pela lei de causalidade: esta é, por assim dizer, a norma dos pontos fronteiriços daquelas aparências das diversas Ideias, em conformidade com a qual espaço, tempo e matéria lhes são distribuídos. Essa norma, por consequência, refere-se necessariamente à identidade de toda a matéria existente, que é o substrato comum de todas as diferentes aparências. Se estas não fossem todas relacionadas à matéria comum, cuja posse, por assim dizer, têm de repartir; então não haveria a necessidade de uma tal lei que determinasse suas exigências: todas as aparências poderiam simultânea e conjuntamente preencher o espaço infinito por um tempo infinito. Ora, visto que todas as aparências das Ideias eternas são relacionadas a uma única e mesma matéria, tem de existir uma regra de seu aparecer e desaparecer; do contrário, nenhuma delas cederia lugar à outra. Em virtude disso, a lei de causalidade está intimamente ligada à lei de permanência da substância: ambas adquirem significação uma da outra: exatamente do mesmo modo se relacionam com elas o espaço e o tempo. Pois o tempo é a mera possibilidade de determinações opostas na mesma matéria: o espaço é a mera possibilidade de permanência da mesma matéria em toda mudança de suas determinações. Por isso que, em nossa consideração da representação como tal, a matéria foi por nós explicada como a união de tempo e espaço, união esta que se mostra como mudança dos acidentes na permanência da substância, cuja possibilidade universal é precisamente a causalidade ou o devir. Também por isso identificamos a matéria como absoluta causalidade. O correlato subjetivo da causalidade foi explicado como sendo o entendimento; apenas para o entendimento é que, por conseguinte, a matéria existe, consequentemente todo o mundo objetivo: entendimento que foi dito a condição, o sustentáculo de todo esse mundo objetivo.

Metafísica da natureza

Exemplo da máquina

Queremos tornar ainda mais distinto mediante um exemplo como a lei de causalidade tem significação só em referência ao tempo, ao espaço e à matéria, esta que justamente consiste tão só na união daqueles dois: a saber, a lei de causalidade realiza apenas isto, nomeadamente, determina os limites conforme os quais as aparências das forças naturais se distribuem na posse de tempo, espaço e matéria, enquanto aquelas forças naturais originárias, elas mesmas, como objetivações imediatas da vontade, que como coisa em si não está submetida ao princípio de razão, encontram-se fora daquelas formas, sendo que apenas internamente a essas formas é que uma explanação etiológica tem significação e validade, e precisamente por isso jamais pode conduzir à essência íntima das coisas.

Nesse sentido, pensemos em uma máquina construída de acordo com as leis da mecânica. Peças de ferro desencadeiam por sua gravidade o início do movimento: rodas de cobre resistem com sua rigidez, impelem-se e levantam-se mutuamente e às alavancas em virtude de sua impenetrabilidade, e assim por diante. Aqui, gravidade, rigidez, impenetrabilidade são forças originárias inexplicáveis: a mecânica fornece apenas as condições e a maneira pelas quais essas forças se exteriorizam e aparecem, dominando determinada matéria, determinado tempo e lugar. – Agora vamos supor que um poderoso *ímã* faz efeito sobre o ferro das peças: ele domina a gravidade, o movimento da máquina para e a matéria é de súbito o palco de uma força natural completamente diferente, o magnetismo, sobre o qual a explanação etiológica nada mais informa que as condições de seu aparecimento.

Doravante queremos colocar os discos de cobre da máquina sobre placas de zinco, e entre elas introduzimos uma solução ácida: de imediato a mesma matéria da máquina sucumbe a outra força originária, o galvanismo; este passa agora a ser dominante segundo suas leis, manifestando-se através de suas aparências, sobre as quais a etiologia nada nos pode informar senão as circunstâncias e as leis em que se mostram.

Agora aumentemos a temperatura, adicionemos oxigênio puro: toda a máquina arde: isto é, de novo uma força natural completamente diferente, o quimismo, exerce neste tempo e neste lugar seus direitos incontestáveis sobre a matéria, manifestando-se como Ideia, como grau determinado de objetivação da vontade. O óxido metálico resultante dessa queima combina-se então com um ácido: origina-se um sal, um vitríolo, cristais são formados: eles são a aparência de outra Ideia, que por sua vez é também no todo infundada; embora sua aparência, sua entrada em cena, dependa daquelas condições, que a etiologia pode relatar. – Os cristais desintegram-se, misturam-se com outros estofos, uma vegetação ergue-se deles, uma nova aparência da vontade: e assim pode-se acompanhar, ao infinito, a mesma e permanente matéria, e ver como ora esta, ora aquela força natural adquire um direito sobre ela e o exerce inexoravelmente em vista de irromper e manifestar sua essência. A determinação desse direito, o ponto no tempo e no espaço em que ele é válido, a parte da matéria em que ele deve expressar-se, precisamente isso é o que determina a lei de causalidade, mas nada além disso, e só até aí vai a explanação baseada nessa lei. A força mesma é aparição da vontade e, enquanto tal, não está submetida às figuras do princípio de razão, ou seja, é sem fundamento. A força natural encontra-se fora de todo tempo

Metafísica da natureza

e, por assim dizer, parece permanentemente esperar a entrada das circunstâncias nas quais possa irromper e assim apoderar--se de uma determinada matéria, com repressão das forças que até então a esta dominavam. O tempo existe apenas para a aparência das forças, não para as forças mesmas, sendo sem significação para estas. Por milênios dormitam em uma dada matéria as forças químicas, até que enfim o contato de reagentes as libera: então elas aparecem. O tempo, porém, existe somente para a aparência, não para as forças mesmas. Assim, por milênios o galvanismo dormita no zinco e no cobre: os quais repousam tranquilos ao lado da prata, que tem de arder em chamas logo após os três metais entrarem em contato sob requeridas condições. Até mesmo no reino orgânico vemos uma semente seca conservar por vinte anos sua força latente que, quando finalmente aparecem circunstâncias favoráveis, cresce como planta. Assim cada força natural aguarda, com paciência, a ocasião favorável para a sua exteriorização; assim que esta chega, ela inevitavelmente a agarra e com apetite precipita-se na existência: precisamente porque sua essência é exatamente aquela vontade, que também vive em nós, devido à qual também nós com apetite entramos na existência e nos empenhamos com toda violência para permanecer na existência.

Causas ocasionais

Tornou-se-nos agora claro a diferença entre uma força natural e todas as suas aparências: reconhecemos que aquela é a vontade mesma nesse determinado grau de sua objetivação; que *não à vontade*, mas apenas às suas aparências convêm *tempo, espaço e, por meio destes, a pluralidade*, e que a lei de causalidade nada é senão a determinação do lugar das aparências particulares no espaço e no tempo. Desse ponto de vista, podemos lançar um interessante olhar retrospectivo para um sistema há muito tempo esquecido, porém sempre notável na história da filosofia, o de Malebranche, cuja teoria principal é a das *causas ocasionais*, que depois foi o ensejo para a leibniziana *harmonia praestabilita*.[77]

De fato, a mesma verdade, que nós então distintamente expusemos, Malebranche já a havia encontrado: porém, como em seu tempo a filosofia ainda não tinha atingido a clareza e a profundidade, que desde então especialmente Kant tornou possível; então Malebranche teve de exprimir aquele conhecimento de modo totalmente outro e conectá-lo à doutrina da filosofia corrente em seu tempo, que no todo ainda era a de Descartes.

Malebranche ensina: é difícil apreender e pensar como os corpos, tanto os orgânicos quanto os inorgânicos, podem ter a capacidade de fazer efeito e produzir determinações recíprocas. A ligação entre causas e efeitos é algo completamente inapreensível: por exemplo, como os cavalos movimentam a carroça através de sua tração, isso, propriamente dizendo, ninguém entende. Que se atribua *forças* e *qualidades* às coisas, devido às quais elas têm causalidade, não explica absolutamente nada. Toda mudança, movimento, efeito só podem ser produzidos por *Deus*: sua vontade é propriamente ativa em todo movimento, e o curso das causas apenas exprime a ordem na qual para sempre lhe agradou produzir as mudanças: ele é propriamente a única e verdadeira causa de tudo o que acontece. As causas físicas

---

77 "Harmonia pré-estabelecida". (N. T.)

Malebranche as denomina, em consequência, *causes secondes*:[78] e porque elas, segundo a ordem uma vez fixamente estabelecida por Deus, determinam o momento das mudanças, então elas fornecem *a ocasião* para o fazer efeito de Deus: portanto, todas as causas naturais não são propriamente verdadeiras *causes efficientes*;[79] mas meras *causes occasionelles*.[80] O que é propriamente ativo em todo fazer efeito é sempre a vontade de Deus, que única e exclusivamente tem verdadeira capacidade para causar algo. O curso da natureza foi determinado por Deus de tal maneira que ele se dá por causas e efeitos, porém estes fornecem apenas as circunstâncias, as ocasiões nas quais a vontade de Deus produz mudanças. Isso se estende também ao movimento dos animais e dos humanos: nossa vontade não tem o poder de movimentar algo: é sempre a vontade de Deus que também produz as ações dos corpos animais: nosso querer é mera causa ocasional para isso. (Malebranche, *De la recherche de la verité, chap. 3 de la seconde partie du livre VI. & les éclaircissements sur ce chap.*)

Não acreditai que com isso eu queira dizer que aquilo que denomino vontade, como coisa em si, é idêntico ao que Malebranche denomina Deus: decerto não é isso. Se falo de vontade, então nada mais quero dizer com isso senão justamente a vontade que cada um porta em si, e que, dentre todas as coisas, é a que lhe é conhecida mais precisa e imediatamente; não a vontade de um ser diferente de nós. Todavia, minha concordância com Malebranche reside no fato de ele também, embora filosofando de modo completamente diferente, e ocupado

---

78 "Causas secundárias". (N. T.)

79 "Causas eficientes". (N. T.)

80 "Causas ocasionais". (N. T.)

com outros dogmas próprios de sua época, no entanto encontrou muito corretamente a verdade, nomeadamente, a de que a causalidade diz respeito apenas à *aparência*, e apenas determina o fazer efeito em relação à sua entrada no espaço e no tempo, e que, ao contrário, a *essência íntima* das forças que aparecem em todos os efeitos, o que nelas propriamente se *exterioriza*, o que nelas é originariamente *ativo*, tem de ser algo *toto genere*[81] diferente dessa aparência, tem de ser algo independente de causas e efeitos que só valem sob sua pressuposição: que a causa não produz propriamente dizendo o efeito, mas apenas fornece a ocasião, a circunstância para a emergência da exteriorização daquelas forças: que, portanto, a causa apenas determina o ponto no tempo e no espaço onde a exteriorização da força deve entrar em cena; a força mesma, entretanto, é independente dessa determinação e sua essência íntima pertence a uma ordem de coisas completamente diferente do que a do curso da natureza. Leiam as citadas passagens de Malebranche. É interessante ver como mesmo através das estranhas teias de dogmas cartesianos, em que Malebranche estava enredado, a verdade pôde infiltrar-se, e ele a reconheceu de modo bastante distinto para não rejeitá-la; contudo, procurou reconciliá-la, como podia, com aqueles dogmas e a eles adaptá-la. Se não tivesse sido neles enredado, então teria justamente ocorrido a ele o conhecimento de que a relação causal pertence apenas à aparência, é mesmo apenas forma da aparência, e à verdadeira essência íntima, por conseguinte, não cabe relação causal alguma: esse conhecimento também o teria conduzido a ver que a relação de Deus com o mundo não pode ser de relação causal alguma:

---

81 "Em gênero inteiro". (N. T.)

Metafísica da natureza

pelo que, entretanto, toda a filosofia cartesiana teria sido posta abaixo; como de fato ela o foi – depois de ser reconfigurada por Leibniz e Wolf – por Kant. Tanta imparcialidade não possuía Malebranche: ele no entanto manteve-se apegado à verdade que se impunha a sua intelecção imediata e a exprimiu de modo avançado até onde lhe permitiu a filosofia cartesiana. (Dessa forma, nota-se como a verdade amiúde tem de adaptar-se ao erro.) Leiam aquelas passagens: se assim se o faz, tem-se a vantagem de apreender uma verdade mais profundamente, justo quando se obtém sua visão de dois pontos de vista completamente diferentes, quando se a lê enunciada na linguagem de dois sistemas totalmente distintos. De fato, Malebranche tem razão: toda causa natural é apenas *causa ocasional*, dá apenas a *ocasião*, a *circunstância* para a aparência daquela *uma* e indivisível vontade, que é o em-si de todas as coisas, cuja gradativa objetivação é todo este mundo visível. Apenas a emergência, o tornar-se-visível neste lugar, neste tempo, é produzido pela causa e nesse sentido dependente dela, mas não o todo da aparência, não sua essência íntima: esta é a vontade mesma, na qual o princípio de razão não encontra aplicação alguma, vontade que, portanto, é sem fundamento.[82] Coisa alguma no mundo tem uma causa absoluta e geral de sua existência, uma causa de todo

---

82 No original alemão *grundlos*, isto é, sem (*los*) razão (*grund*); razão aqui no sentido de fundamento, já que o *Satz vom Grunde*, princípio de razão, é, em verdade, o princípio de fundamento, de fundamentação, que a tudo no mundo das aparências explica, fundamenta, sem no entanto ele mesmo poder ser explicado, fundamentado, pois pedir uma explicação, fundamento para ele, já é pressupô-lo, e quem assim o faz, diz Schopenhauer, é como alguém que quisesse uma prova do direito de exigir uma prova. (N. T.)

o seu ser; mas apenas uma causa a partir da qual está exatamente aqui e exatamente agora. Por que uma pedra mostra ora gravidade, depois rigidez, adiante qualidades químicas, tudo isso depende de causas, de ações exteriores, e devem ser explanadas a partir destas: aquelas propriedades mesmas, entretanto, logo, toda a essência em que consistem e, por conseguinte, essência que se exterioriza em todos aqueles modos específicos, portanto o fato de uma pedra ser em geral assim como é, o fato de existir em geral, isso não possui fundamento algum; mas é justamente o tornar-se-visível aí da vontade sem fundamento. — Portanto, toda causa é causa ocasional. É assim que a encontramos na natureza que é privada de conhecimento: precisamente assim é que também a encontramos ali onde não se trata mais de causas e estímulos, mas de motivos que determinam o ponto de entrada das aparências, por consequência, ali onde se trata da ação de animais e de seres humanos. Pois aqui, como lá, trata-se de uma única e mesma vontade que aparece: os graus de sua manifestação são bastante diversos: as aparências desses graus são multiplicadas através do espaço e do tempo, e, nesse aspecto, submetidas ao princípio de razão: a vontade mesma, em si, é livre disso tudo. Ora, assim como a *força* natural não depende de causas, mas estas dizem respeito apenas às suas aparências; assim também a conduta propriamente dita, o caráter do ser humano não depende de motivos; em verdade, os motivos determinam apenas a aparência desse caráter, sua exteriorização, logo, suas ações; a feição exterior de seu decurso fático de vida é determinada através dos tipos de motivo que agem sobre ele: já a significação íntima desse decurso de vida, o conteúdo ético do mesmo, seu querer propriamente dito, procedem, ao contrário, do caráter, que é a aparição imediata da vontade mesma,

Metafísica da natureza

portanto é sem fundamento, por isso mesmo livre. O porquê de um caráter no decorrer de sua vida sempre se mostrar mau em todas as ocasiões enquanto um outro sempre se mostrar bom, isso não depende de motivos nem de influências exteriores como sermões e sistemas morais que se lhe prega: nesse sentido, o caráter é algo absolutamente inexplicável: assim como é inexplicável por que um corpo mostra esta, o outro aquelas propriedades químicas e se exterioriza em reagentes. Ora, se o indivíduo mau mostra sua maldade em injustiças diminutas, intrigas covardes, velhacarias sórdidas, as quais exerce no círculo estreito de seu ambiente, ou se, como um conquistador, faz povos infelizes, derrama o sangue de milhões, espalha penúria sobre a metade do mundo: isso, seu decurso fático de vida, é meramente a forma exterior de sua aparição, o inessencial dessa forma, efetivamente dependente da figura dos motivos, das circunstâncias dos ambientes e das influências nas quais o destino a pôs. Contudo, jamais sua decisão, em virtude de tais motivos, é explicável a partir destes: pois sua decisão procede do caráter, da vontade mesma, cuja aparência é esse ser humano. *Suo loco.*[83] A maneira como o caráter desdobra suas propriedades é em verdade comparável à maneira como os corpos sem vida exibem suas propriedades. A água permanece água com suas propriedades intrínsecas: seja em um lago plácido que espelha as margens; ou saltando em espumas quando se choca contra rochas; ou ainda sendo artificialmente impelida para o alto em um jato em forma de arco: tudo isso depende de causas e influências exteriores: já para a água mesma, uma coisa é tão natural quanto a outra: no entanto, mostra-se desta

---

83 "Mais no seu devido lugar". (N. T.)

*1*73

ou daquela maneira de acordo com as circunstâncias, igualmente pronta para tudo, todavia fiel em cada caso ao seu caráter e sempre manifestando apenas a este. É justamente assim que cada caráter humano também se manifestará em todas as circunstâncias: mas as aparências que daí emergem, a feição de seu decurso fático de vida, variarão segundo as variadas circunstâncias: pois essa feição é o produto do conflito entre o caráter imutável e a circunstâncias casuais. O essencial de nosso decurso de vida, isto é, o ético, jamais pode ser modificado pelas circunstâncias; porém o inessencial, a aparência do mesmo, permanece inteiramente entregue ao acaso. Faço menção a esses episódios éticos no interior desta consideração da natureza inorgânica porque temos de aprender a compreender a natureza a partir de nossa própria essência: visto que a essência íntima da natureza é a mesma essência íntima de nosso si mesmo; apenas alcançou em nós o mais elevado grau de sua visibilidade, e na natureza inorgânica, o mais baixo. E vice-versa, o conhecimento do ser da natureza também pode por vezes servir para uma melhor compreensão de nosso próprio ser.

Tarefa e objetivo da etiologia

Através das considerações precedentes sobre as forças da natureza e sobre suas aparências, ficou evidente até onde podemos ir, com a explanação da aparência, servindo-nos de causas e onde essa explanação tem de cessar para não cairmos no esforço tolo de remeter o conteúdo de todas as aparências à sua mera forma, ao fim nada restando senão a forma. Em consequência dessa intelecção, podemos doravante determinar em geral o que se deve exigir de toda etiologia, o que ela deve realizar;

Metafísica da natureza

com o que a relação da metafísica com a física se nos tornará ainda mais claramente determinada. — A física tem de procurar para todas as aparências da natureza suas causas, isto é, as circunstâncias nas quais as primeiras sempre aparecem. Em seguida, tem de remeter as multifacetadas aparências em suas diversas circunstâncias ao que atua em todas as aparências e que é pressuposto pela causa, isto é, tem de remeter essas multifacetadas aparências às forças originárias da natureza: tem de diferenciar corretamente se uma diferença na aparência se deve ao fato de uma força diferente ser ativa ou apenas ao fato de as circunstâncias nas quais a força se exterioriza serem diferentes. Ademais, a etiologia tem de tomar bastante cuidado com duas coisas: de um lado, não supor duas forças diferentes onde apenas uma única e mesma força se exterioriza em circunstâncias diferentes; de outro, não atribuir exteriorizações de diferentes forças originárias a *uma* força que apenas atuava em circunstâncias diferentes. Para isso é requerida de imediato a faculdade de juízo: por isso tão poucas pessoas são capazes de aprofundar a intelecção na física; embora todas sejam capazes de, com a experiência, ampliar a física. Preguiça e ignorância inclinam muito cedo a fazer apelo a forças originárias. Os escolásticos, por carência completa de conhecimentos da natureza, levaram isso tão longe que seria possível considerar seu procedimento como uma ironia: uma coisa queimava através de sua *igneitas*[84] e com isso ela era explicada; o que era fluido, era explicado através da *fluiditas*;[85] o duro, através da *duritas*;[86] o ferro, através

---

84 "Igneidade". (N. T.)
85 "Fluididade". (N. T.)
86 "Duridade". (N. T.)

da *ferreitas*;[87] ou o pão, através da *paneitas*.[88] Se tivesse essência em geral, através da *quidditas*;[89] existência, através da *entitas*;[90] e se fosse uma individualidade, através da *haecceitas*.[91] De modo algum desejo fomentar a reintrodução desse tipo de filosofar quando digo que há forças originárias que não são mais redutíveis a outra coisa; porque elas mesmas são graus imediatos de objetidade da vontade: a etiologia tem de contentar-se em reduzir os fenômenos a tais forças; não pode, entretanto, explanar tais forças porque elas mesmas são a pressuposição sob a qual vale toda explanação etiológica. A explanação dos fenômenos por causas não deve sofrer com isso: não se deve, no lugar de fornecer uma explanação física, apelar ao poder divino da criação, tampouco à objetivação da vontade. Pois a física requer causas: a vontade, porém, jamais é causa — sua relação com a aparência de modo algum se dá conforme o princípio de razão: porém, o que em si é vontade, existe de outro lado como representação, ou seja, é aparência. Enquanto tal, segue as leis que constituem a forma da aparência: com isso, cada fenômeno que entra em cena, cada mudança, por exemplo cada movimento, embora seja sempre aparência da vontade, sempre tem de ter uma causa a partir da qual, como particular, foi produzido em relação a determinado tempo e a determinado lugar, logo, é explanável não em geral segundo sua essência íntima mas como aparência *particular*. Essa causa é mecânica na pedra,

---

87 "Ferridade". (N. T.)

88 "Panidade". (N. T.)

89 "Essencialidade". (N. T.)

90 "Entidade". (N. T.)

91 "Ecceidade". (N. T.)

Metafísica da natureza

é motivo no movimento do ser humano: mas nunca pode faltar. Por isso, toda aparência como aparência tem de ser explicada a partir de causas. Ao contrário, a essência comum e universal de todas as aparências de uma determinada espécie, aquilo sem cuja pressuposição a explanação por causas não teria sentido nem significação, é justamente a força natural e universal, que na física só pode ser comprovada, não ela mesma ser explanada ulteriormente, e, assim, tem de permanecer como *qualitas occulta*, força originária independente, precisamente porque aqui finda a explanação etiológica e começa a explanação filosófica. — A cadeia de causas e efeitos jamais é quebrada por uma força natural, à qual se deve fazer apelo, e nunca retrocede a esta como a seu primeiro membro: mas o membro seguinte da cadeia, tanto quanto o mais distante, já pressupõe a força originária, do contrário nada se poderia explanar. Uma série de causas e efeitos pode ser a aparição das mais diferentes espécies de força, cuja sucessiva entrada na visibilidade é conduzida pela série, como o explicitei antes no exemplo da máquina metálica: entretanto, a diversidade de tais forças originárias não dedutíveis umas das outras de modo algum interrompe a unidade daquela cadeia causal e a conexão entre todos os seus membros. A etiologia da natureza e a metafísica da natureza não interferem uma na outra; mas vão lado a lado, na medida em que consideram o mesmo objeto sob diferentes pontos de vista. A etiologia nos informa sobre as causas que necessariamente produzem a aparência singular a ser explicada: em seguida, aponta como fundação de suas explanações as forças universais, que estão ativas em todas essas causas e efeitos, e por aí se exteriorizam: ela determina com rigor essas forças, seu número, sua diferença e em seguida todos os efeitos nos quais cada uma delas aparece diversamente segundo a diversidade das circunstâncias, sempre em conformidade com seu caráter próprio, desdobrado por uma regra infalível, que se chama uma *lei natural*. – Quando a física tiver consumado tudo isso em todos os aspectos, terá alcançado sua perfeição: pois força alguma da natureza inorgânica será desconhecida, e efeito algum avistado que não seja demonstrado como a aparição de alguma força sob determinadas circunstâncias conforme uma lei natural. – A consideração da natureza inteira é aperfeiçoada pela *morfologia*, que enumera todas as figuras permanentes da natureza orgânica, comparando-as e ordenando-as. Por outro lado, em relação à causa do surgimento dos seres particulares, a morfologia pouco tem a dizer: pois em geral se trata da procriação, cuja teoria é tema à parte e em casos raros é *generatio aequivoca*.[92] A filosofia, ao contrário, considera em qualquer lugar, portanto também na natureza, apenas o universal. Como metafísica da natureza, as forças originárias mesmas são seu objeto. Ela as reconhece como os diferentes graus de objetivação da vontade, que é a essência íntima, o Em-si deste mundo, mundo este que é explicado pela filosofia, caso se abstraia a vontade, como mera representação do sujeito. A etiologia deveria fazer os trabalhos preliminares para a filosofia, fornecer comprovantes para as suas doutrinas.

Inútil empenho da etiologia em remeter as forças umas às outras

Mas até o momento a etiologia supôs, ao contrário, que tinha de esgotar o ser das coisas de maneira que nada mais

---

92 "Geração equívoca, espontânea". (N. T.)

Metafísica da natureza

restasse à consideração filosófica, e assim a física suprimiria a metafísica: colocou-se então como objetivo negar todas as forças originárias exceto talvez *uma*, a mais universal, por exemplo a impenetrabilidade: à qual então deveriam ser reduzidas todas as demais forças e todos os demais fenômenos. Isso foi por exemplo o que tentou Descartes. Mas com isso a etiologia faz ruir seu próprio fundamento e comete os maiores erros. Qualquer simples aparecimento, por exemplo a impenetrabilidade, a solidez, é transformado no ser íntimo das coisas. Doravante o conteúdo das aparências é reprimido pela forma: tudo é atribuído às circunstâncias intervenientes e nada mais à essência íntima das coisas. Já mostrei antes como por esse caminho um cálculo resolveria em última instância o enigma do mundo. Tal caminho é justamente, como já mencionado, aquele percorrido quando se quer reduzir todo efeito fisiológico a forma e composição, por conseguinte, a eletricidade, esta por sua vez a quimismo, este por sua vez a mecanismo. O último erro foi cometido por todos os atomistas: por exemplo, Descartes, que explanou o movimento do magneto a partir do impacto de um fluido, logo, mecanicamente, e assim reduziu todas as qualidades a composição e figura de átomos: também Locke, que assumiu como certo *apriori* que todas as qualidades das coisas, cor, sabor, odor, dureza, maciez, fluidez, solidez, todas as qualidades químicas nada mais poderiam ser senão fenômenos de impenetrabilidade, coesão, figura, movimento: ou seja, nada seriam em si senão a textura de partes mais diminutas, de sua posição, de sua figura, ou movimento; e, se nos aparecem como qualidades, isto se deveria à grosseria de nossos sentidos. Temos aí a contraposição entre física mecânica e física dinâmica. Hoje em dia em geral se renunciou, pelo menos por enquanto, a tal posicionamento: no entanto, ainda há fisiólogos que querem obstinadamente explanar toda a vida orgânica a partir de "forma e composição dos elementos do corpo", isto é, querem reduzi-la a forças elétricas, químicas e mecânicas. Se considerarmos mais precisamente, no fundamento disso reside a absurda pressuposição de que o organismo seria apenas um agregado de aparecimentos de forças físicas, químicas e mecânicas, as quais, casualmente reunidas, geraram o organismo como se este fosse uma brincadeira da natureza sem ulterior significação. Assim, o organismo de um animal ou de um ser humano seria não a exposição de uma *Ideia* própria, ou seja, não seria a objetidade imediata da vontade em um determinado e mais grau elevado; mas no organismo apareceriam apenas aquelas Ideias que objetivam a vontade na eletricidade, no quimismo, no mecanismo: em consequência, o organismo seria tão fortuitamente formado a partir da reunião dessas forças como o são as figuras de humanos e animais nas nuvens ou as estalactites, e para além disso nada de mais interessante haveria no organismo.

Apesar de ser falsa essa remissão dos graus mais elevados aos graus mais baixos; do organismo às forças da natureza inorgânica; ela no entanto é aceitável dentro de certos limites. A abordagem do assunto é vasta e difícil: abre no entanto uma profunda intelecção da essência da natureza e da referência da Vontade como coisa em si às gradações de suas aparências.

Como dito, é um equívoco das ciências da natureza quando elas pretendem reduzir os graus mais elevados de objetidade da vontade aos graus mais baixos; pois a negação ou o desconhecimento de forças naturais originárias subsistentes por si

Metafísica da natureza

mesmas é algo tão errôneo quanto a suposição infundada de forças específicas ali onde se trata meramente de uma forma especial de aparição de forças já conhecidas. Kant questionou se surgiria o Newton do ramo de relva, isto é, aquele que reduziria o ramo de relva à aparência de forças químicas e físicas das quais o ramo seria uma concreção casual, por consequência uma mera *brincadeira da natureza*, na qual não apareceria Ideia própria alguma; noutros termos, a vontade não se manifestaria de imediato em um grau mais elevado e particular, mas se manifestaria apenas como o faz nas aparências da natureza inorgânica e casualmente nessa forma mais elevada. Não queremos esperar por isso. Um tal procedimento deixa-se melhor designar na língua de Aristóteles e dos escolásticos que diriam tratar-se ali de uma negação completa da forma *substantialis*[93] e uma degradação dela em mera *forma accidentalis*.[94] Pois a *forma substantialis* de Aristóteles designa exatamente aquilo que aqui nomeio o grau de objetivação da vontade em uma coisa. A *forma substantialis* é explanada como a essência propriamente dita de uma coisa que se uniu à matéria por um tempo, e por um tempo lhe confere sua natureza específica, lhe confere todas as suas qualidades e suas forças pelas quais a coisa é o que ela é, das quais ela tem seu ser. A *forma accidentalis* é precisamente apenas a figura, a localização das partes etc., que chegam do exterior à coisa. A troca da *forma accidentalis* é mera mudança. A troca da *forma substantialis*, entretanto, é corrupção e geração. (Cf. Reid, *On the powers of human mind*, v.I, p.190.)

---

93 "Forma substancial". (N. T.)
94 "Forma acidental". (N. T.)

Parentesco íntimo das aparências em virtude da unidade da coisa em si

Por outro lado, na diversidade total dos determinados graus nos quais a vontade se manifesta em distinção cada vez mais elevada, que são precisamente forças próprias da natureza inorgânica ou determinadas formas orgânicas, não podemos nos esquecer de que em todas essas *Ideias*, isto é, em todas as forças da natureza inorgânica e em todas as figuras da natureza orgânica, o que aí aparece, a coisa em si, é a manifestação de *uma única e mesma vontade*, que entra na forma da representação, na *objetidade*. Em consequência, a unidade da vontade também tem de se dar a reconhecer através de um *parentesco íntimo* entre todas as suas aparências.

Daí analogia do tipo de organismo

Esse parentesco revela-se nos graus mais elevados de sua objetidade, em que toda aparência é mais distinta, portanto nos reinos vegetal e animal, através da *analogia geral prevalecente de todas as formas, o tipo fundamental*, que se reencontra em todas as aparências. Esse também é exatamente o princípio condutor do admirável sistema zoológico iniciado pelos franceses neste século XIX: ele é demonstrado do modo mais completo na anatomia comparada. Além dos franceses, também nossos teutônicos, os assim chamados filósofos da natureza, estão empenhados em toda parte em demonstrá-lo e decerto essa é sua tarefa mais louvável; eles têm nisso algum mérito, embora em muitos casos sua caça por analogias na natureza degenere em meras, sutis filigranas. O melhor desse empenho foi de longe o realizado por Kielmeyer, que deu a partida, e dele Schelling aprendeu, e deste, sua escola.

Metafísica da natureza

Todos com razão demonstraram aquele parentesco universal e a semelhança de família não apenas na natureza orgânica, mas também nas Ideias da natureza inorgânica, por exemplo entre eletricidade e magnetismo; entre atração química e gravidade, e assim por diante.

Forma onipresente da polaridade

Eles chamaram especialmente a atenção para a *polaridade* como uma forma onipresente na natureza: a *polaridade* é propriamente cada desdobramento da aparição de uma força originária em duas aparências *qualitativamente* diferentes – aparições *in genere*[95] idênticas, no entanto *in specie*[96] opostas –, aparição em duas atividades que se opõem porém se esforçam pela reunificação (*illustratio* qualitativa): esse desdobramento expõe-se na maioria das vezes também espacialmente como um esforço em direções opostas: todavia, as duas atividades qualitativamente opostas sempre se condicionam reciprocamente, de tal modo que nenhuma das duas pode ser posta ou suprimida sem a outra, mas são postas de uma tal maneira que subsistem apenas na separação e em oposição, e a reunificação, pela qual se esforçam, é justamente o fim e desaparecimento delas. (Podemos, por conseguinte, exprimir a essência da polaridade através de uma passagem de Platão no *Banquete*: Ἐπειδὴ οὖν ἡ φύσις δίχα ἐτμήθη, ποθοῦν ἕκαστον τὸ ἥμισυ τὸ αὑτοῦ συνήει.[97])

---

95 "Em gênero". (N. T.)

96 "Em espécie". (N. T.)

97 "Por conseguinte, desde que nossa natureza se mutilou em duas, ansiava cada um por sua própria metade e a ela se unia..." (Trad. José Cavalcante de Souza). (N. T.)

A polaridade mostra-se da maneira mais nítida no magnetismo, na eletricidade, no galvanismo. Contudo, quando apreendemos de modo suficiente e universal o conceito da mesma e aprendemos a diferenciar o essencial do inessencial, nota-se que a polaridade é em verdade um tipo fundamental de quase todas as aparências na natureza, do magnetismo até o ser humano. No cristal; na árvore, copa e raiz, esforço para baixo e para cima, para a escuridão e para a umidade, para a luz e para o calor; no animal, cabeça e genitais; também homem e mulher. Em toda parte uma certa *potioritas* e *minoritas*;[98] a expressar por + & −. (Eu a descobri no olho.)

Logo, a polaridade atesta com excelência a robusta analogia e o parentesco de todas as aparências na natureza: estas são como variações, sem tema. Essa analogia repousa em última instância no fato de todas as coisas serem a objetidade de *uma* e mesma vontade, idênticas segundo a essência íntima: ora, visto que esta manifesta-se gradualmente; então em cada coisa imperfeita tem de mostrar-se o vestígio, o dispositivo, a alusão de coisas que são mais perfeitas (*Illustratio* prova); e porque todas essas formas pertencem apenas ao mundo como *representação*; então é possível assumir que, já nas formas mais universais da representação enquanto tal, na armação propriamente dita dos andaimes do mundo que aparece, portanto no espaço e no tempo, pode-se encontrar e demonstrar o tipo fundamental, o dispositivo, a alusão de tudo aquilo que preenche tais formas. Parece que foi uma noção obscura disso o que deu origem à cabala e a toda a filosofia numérica dos pitagóricos e bem à filosofia chinesa. Também encontramos naquela escola

---

98 "Superioridade e inferioridade". (N. T.)

Metafísica da natureza

de Schelling, ao lado de seus variados esforços para trazer a lume a analogia entre todas as aparências da natureza, muitas tentativas, embora infelizes, de deduzir leis naturais a partir de meras leis do espaço e do tempo.

Jamais podemos perder de vista a diferença que existe entre a aparência e a coisa em si: não podemos, por conseguinte, jamais transformar a identidade da vontade objetivada em todas as Ideias em uma identidade das Ideias particulares nas quais a vontade aparece: pois as Ideias são graus determinados de sua objetidade: por consequência, nunca podemos, por exemplo, querer reduzir a atração química ou elétrica à atração por mera gravidade ou aderência, embora possamos reconhecer algo de análogo entre elas e assim dizer que as primeiras seriam potências mais elevadas destas últimas. Tampouco se pode identificá-las, como no caso de só porque conhecemos a analogia interna da estrutura dos animais, estaríamos por isso autorizados a confundir as espécies e assim explicar as mais perfeitas como variações aleatórias das mais imperfeitas. Da mesma forma (e este é agora, propriamente dizendo, nosso tema), jamais podemos desejar reduzir as funções fisiológicas a processos químicos ou físicos. No entanto, digo que esse procedimento é justificável, dentro de certos limites, até um certo ponto: a saber, segundo a visão a seguir, que em realidade é apenas uma hipótese bastante provável, mas muito difícil de ser demonstrada. Sua compreensão é deveras difícil.

Vitória das aparências de grau mais elevado sobre as de grau mais baixo, em especial no organismo

Se aparências da vontade nos graus mais baixos de sua objetivação, portanto no reino inorgânico, entram em conflito entre si na medida em que cada uma quer apoderar-se da matéria existente servindo-se do fio condutor da causalidade; então desse conflito emerge a aparência de uma Ideia mais elevada que domina todas as Ideias mais imperfeitas que antes ali existiam, todavia de uma tal maneira que ela permite que a essência destas continue a existir de modo subordinado através da absorção em si de um análogo delas. Semelhante processo só é concebível a partir da identidade da vontade que aparece em todas as Ideias e a partir de seu empenho por objetivações cada vez mais elevadas. Assim, vemos na solidificação dos ossos um indubitável análogo da cristalização que controlava o cálcio originariamente; embora a ossificação jamais possa ser redutível à cristalização. A analogia mostra-se mais debilmente na solidificação da carne. Similarmente, a composição de humores e a secreção nos corpos animais são um análogo da composição e da separação químicas. Sim, as leis destas continuam a valer ali, ainda que subordinadas e bastante modificadas, dominadas por uma Ideia mais elevada: eis por que simples forças químicas, exteriores ao organismo, jamais produzirão sangue, bílis, muco etc. Portanto, na medida em que a partir da luta das muitas Ideias mais baixas emerge uma Ideia mais elevada que as vence todas, mas de fato absorve delas em si um análogo potencialmente mais elevado, a Ideia vencedora mostra um caráter completamente novo: a vontade objetiva-se em uma nova espécie mais distinta. Nesse sentido, temos de pensar que da luta das forças inorgânicas surgiu o orgânico, nascido primeiro por *generatio aequivoca*,[99] depois, através de assimilação em um gérmen existente de seiva orgânica, o muco, a planta,

---

99 "Geração equívoca, espontânea". (N. T.)

o animal, o ser humano. Portanto, do conflito entre as aparências mais baixas resultam as mais elevadas que engolem as outras, porém efetivando o empenho de todas em grau mais elevado.

Em conformidade com a visão exposta, pode-se seguramente demonstrar no organismo vestígios de modos do efeito químico e do efeito físico, mas nunca se pode explanar o organismo a partir destes. Pois ele de maneira alguma é um fenômeno casual produzido pelo fazer-efeito unificado de tais forças; mas é uma Ideia mais elevada que submeteu as outras através da *assimilação por dominação*. Isso porque se trata de *uma vontade* que se objetiva em todas as Ideias rumo à objetivação mais elevada possível e renuncia aos graus mais baixos de sua aparência, depois de um conflito entre eles, para assim, em um grau mais elevado, aparecer tanto mais poderosamente. Nenhuma vitória sem luta. Ora, na medida em que a Ideia ou objetivação da vontade mais elevada só pode entrar em cena através da dominação das Ideias mais baixas, ela sofre a resistência destas, as quais, embora submetidas à servidão, no entanto sempre se esforçam por serem independentes e exteriorizarem plenamente sua essência. O ímã que atraiu um ferro trava uma luta constante contra a gravidade: pois esta, como a objetivação mais baixa da vontade, tinha um direito originário à matéria daquele ferro: nessa luta, o ímã até se fortalece; a resistência o estimula a um maior esforço. Precisamente também assim, na aparência da vontade que se manifesta no organismo humano, trava-se uma luta permanente contra as muitas forças físicas e químicas que, como Ideias mais baixas, tinham um direito prévio à matéria. Por isso o braço, que minha vontade manteve elevado após a dominação da gravidade, cai. Daí também o confortável sentimento de saúde que acompanha a vitória da Ideia do organismo consciente de si sobre as leis físicas e químicas que originariamente controlavam os humores do corpo, mas que, justo a partir daquele fundamento, é interrompido com tanta frequência, sim, de fato é sempre acompanhado de um certo desconforto, grande ou pequeno, produzido pela resistência daquelas forças: daí que a parte vegetativa de nossa vida já é sempre ligada a um maior ou menor sofrimento. Eis por que a digestão deprime todas as funções animais, porque exige toda a força vital para dominar pela assimilação as forças químicas da natureza. Daí em geral o fardo da vida física, a necessidade do sono e por fim da morte, quando finalmente, favorecidas pelas circunstâncias, as forças naturais subjugadas reconquistam a matéria que lhes foi arrebatada pelo organismo, agora até mesmo cansado pelas constantes vitórias (o que não pode mais ser explicado), e alcançam sem obstáculos a exposição de sua essência. Por isso, pode-se dizer: cada organismo expõe a Ideia da qual é a imagem apenas após o desconto daquela cota de sua força empregada na dominação de Ideias mais baixas, que lutam constantemente contra ele por matéria. Jakob Böhme diz: todos os corpos humanos e animais, sim, todas as plantas estão de fato parcialmente mortos. Pois apenas metade da matéria do organismo obedece à Ideia do organismo, metade no entanto obedece às Ideias mais baixas. Conforme o organismo consiga maior ou menor dominação daqueles graus mais baixos das forças da natureza que exprimem a objetidade da vontade, ele se torna a expressão mais ou menos perfeita de sua própria Ideia, isto é, se encontra mais ou menos distante do *ideal* que representa a beleza de sua própria espécie.

Metafísica da natureza

Luta das aparências das diversas Ideias na natureza, em todos os graus

Vemos assim conflito em toda parte na natureza, luta e alternância da vitória: e precisamente aí reconhecemos com bastante nitidez a discórdia essencial da vontade consigo mesma. Cada grau de objetivação da vontade combate com outros por matéria, espaço e tempo. A matéria que permanece tem de continuamente mudar de forma, na medida em que, pelo fio condutor da causalidade, aparências mecânicas, químicas, orgânicas anseiam impetuosamente por emergir e assim arrebatam umas às outras a matéria, pois cada uma quer manifestar a própria Ideia. Esse conflito pode ser acompanhado através de toda a natureza: sim, em verdade esta só existe através dele: precisamente porque ele mesmo é apenas a visibilidade da discórdia essencial da vontade consigo mesma. Essa luta universal alcança a visibilidade mais distinta no mundo animal – que por sua vez vive através de aniquilação do mundo vegetal –, em que cada animal se torna presa e alimento de outro: em outros termos, a matéria na qual sua Ideia se expõe tem de ser abandonada para a exposição de uma outra. Por fim, a espécie humana domina todas as demais espécies a ponto de, por fim, considerar a natureza como um instrumento para seu uso: essa mesma espécie humana, porém, manifesta em si própria aquela luta, aquela autodiscórdia da vontade da maneira mais clara e terrível. Observai que a reprodução dos pólipos acontece de tal forma que o jovem pólipo cresce como uma rama a partir do velho e mais tarde se separa dele. Mas, enquanto ainda se prende a ele, pega com seus braços a presa que se oferece e frequentes vezes entra em um conflito com o mais velho, um arrancando a presa da boca do outro. Uma simples e clara imagem do conflito generalizado das aparências da Vontade de vida! E assim é em toda a natureza. Por exemplo, em toda assimilação orgânica onde a planta converte a água e o carbono em seiva vegetal; ou quando nós convertemos plantas e pão em sangue, e assim em toda parte onde, com limitação das forças químicas a um tipo de efeito subordinado, a secreção animal é produzida. Outro exemplo desse conflito é dado em um grau mais baixo na natureza inorgânica pela formação dos cristais, quando estes se encontram, cruzam e perturbam uns aos outros, de modo que não podem exibir a forma puramente cristalina, pois quase toda drusa é a imagem de um tal conflito da vontade nesse grau tão baixo de sua objetivação: ou ainda quando um ímã impõe ao ferro o magnetismo para também aqui expor sua Ideia. Ou quando o *galvanismo* domina as afinidades eletivas, decompõe as mais estáveis ligações e suprime tão inteiramente as leis químicas que o ácido de um sal decomposto no polo negativo tem de se dirigir ao polo positivo, com tal poder que, enquanto conduzido por fios de amianto, não se combina com os alcalinos que atravessa, nem mesmo avermelha o papel tornassol que encontra. O mesmo ocorre no essencial quando um *corpo celeste* captura outro em sua esfera gravitacional e o prende a si como seu acompanhante inseparável: este, embora dominado, resiste sempre (como vimos antes no caso das forças químicas subjugadas pelo organismo, as quais no entanto sempre relutam e ocasionalmente se rebelam). A partir dessa coerção e resistência resulta a constante tensão entre força centrípeta e força centrífuga que mantém os orbes celestes em movimento e já é uma expressão e fenômeno daquela luta universal e essencial das aparências da vontade umas con-

Metafísica da natureza

tra as outras. Ora, visto que cada corpo de algum modo tem de manifestar uma vontade, vontade que no entanto necessariamente se expõe como um esforço; então o estado *originário* de cada orbe celeste condensado não pode ser repouso, mas tem de ser movimento, esforço sem repouso e sem alvo para adiante no espaço infinito: por isso não se deve procurar um primeiro impulso cujo efeito contínuo seria a força centrífuga: porém, esse esforço para adiante em linha reta é justamente já o estado originário de cada corpo celeste, que assim transvaga o espaço infinito até que entra na esfera de atração de um corpo maior que o domina e prende a si. Esse corpo maior transvaga ele mesmo adiante até que de modo igual encontre um maior ainda, que também o prende. (Aplicação a satélites e planetas.) Dessa forma, os astrônomos já há bastante tempo perceberam um afastamento de todo o nosso sistema solar, sim, e também de toda a galáxia à qual pertence nosso sol: eles conjecturam a existência de um sol central cuja força de atração estende-se a todas as estrelas fixas e finalmente também um afastamento geral de todas as estrelas fixas junto com esse sol central, algo que evidentemente, no espaço infinito, perde toda significação, já que ali onde há apenas um objeto e nenhum limite não há mais como diferenciar o mais amplo movimento, do repouso: mas justamente por essa circunstância, bem como já imediatamente através do esforço e do transvagar sem fim, manifesta-se aquela vaidade, aquela ausência de um fim último que em breve teremos de reconhecer na vontade em todas as suas aparências: isso já se exprime no fato de o espaço sem fim e de o tempo sem fim terem de ser as formas mais universais e essenciais de todas as aparências, as quais existem para expressão de toda a essência da vontade. — Sim, a luta de todas as aparências da vontade umas contra as outras que aqui consideramos, podemos já reconhecer na mera matéria como tal. Kant corretamente concebeu o ser da aparência da matéria como contração e expansão. Nisso reside imediatamente que a matéria possui sua existência apenas em uma luta de forças que se empenham contrariamente. Com efeito, caso abstraiamos toda diferença qualitativa ou química da matéria, ou pensemos retroativamente o mais longe possível na cadeia de causas e efeitos até que não exista mais diferença química alguma; então permanece para nós a pura matéria, o mundo condensado em uma esfera, cuja vida, isto é, objetivação da vontade, constitui aquela luta entre força de atração e força de repulsão: a primeira como gravidade que impele de todos os lados para o centro, a segunda como impenetrabilidade que, mediante rigidez ou elasticidade, resiste à primeira, e esse constante ímpeto e resistência podem ser considerados como a objetidade da vontade em seus graus mais elementares, porém aí já expressando o caráter essencial dela, que é o de uma luta contínua.

Vimos assim aqui que, em seus graus mais baixos, a vontade se expõe como um ímpeto cego, um impelir abafado, obscuro, distante de qualquer cognição imediata. Trata-se da espécie mais simples e débil de sua objetivação. Como tal ímpeto cego e esforço privado de cognição, a vontade também ainda aparece em toda a natureza inorgânica, nomeadamente em todas as forças originárias cuja investigação e descoberta de leis próprias é tarefa da física e da química. Tais forças expõem-se em milhões de aparências similares e regulares, sem vestígio algum de caráter individual, meramente multiplicadas por tempo e por espaço, o *principium individuationis* que multiplica cada força de uma tal maneira como um vidro polido faz aparecer multiplicada uma imagem em suas facetas.

Metafísica da natureza

b) Natureza orgânica

Plantas

Ascendendo de grau em grau, a vontade objetiva-se de modo cada vez mais nítido: no reino vegetal, em verdade, o móbile de suas aparências não é mais a causa no sentido estrito do termo, mas o estímulo: no entanto, a vontade atua aqui ainda completamente privada de conhecimento, como força obscura e abafada que impele; e é assim também na parte vegetativa da aparência dos animais, na geração e formação de cada animal, e na manutenção da economia interna de cada um: sempre são ainda meros estímulos que determinam com manifesta necessidade a aparência. *Explicar todavia mais detalhadamente esse tipo de atividade da vontade* e conceber as figuras orgânicas como resultado do mesmo é algo absolutamente impossível: pois, apesar de toda a nossa capacidade de explicação e de concepção, sempre ainda estamos no mundo da representação, onde objeto e sujeito, forma e matéria, causa e efeito *estão separados*, e nossa explicação consiste precisamente em *unificá-los* de novo: aqui todavia reside o problema da impulsão volitiva que na representação expõe-se como a figura das partes orgânicas com suas funções, impulsão essa que no entanto em si mesma reside além da representação e pertence à Vontade como coisa em si, com o que aqui, por conseguinte, ainda não existe contraposição alguma entre sujeito e objeto, pois não existe representação alguma e exatamente por isso não existe contraposição entre causa e efeito nem entre matéria e forma; estas que aqui ainda não se separaram são uma coisa só ou, antes, em vez delas o que existe é o ser em si cuja aparência é tanto a maté-

193

ria quanto a forma. Por consequência, aqui, diferentemente do mundo da representação em seu fazer-efeito sob a luz do conhecimento, a forma não tem de primeiro assenhorear-se da matéria, muito menos a matéria resiste à forma, como lá: pois a contraposição de ambas ainda não existe: por fim, aqui, também causa e efeito inexistem propriamente dizendo, os dois são unos *in* αὐτόματος,[100] isto é, são unos na impulsão originária da essência, cuja aparência é de maneira igual toda a série causal e todos os elos desta. Portanto, ali onde a vontade ainda atua desprovida de conhecimento e permanece em sua essência originária sem a adição do mundo como representação, ali ela exerce sua atividade *sem obstáculo* e com absoluta espontaneidade e liberdade: daí também a contínua criação de novos indivíduos não lhe custar nada, ela é pródiga nessa criação, e nunca se cansa de fazer sua reposição na constante destruição deles. Por isso é muito errado se transferimos a dificuldade – ou antes, a impossibilidade de concebermos esse exercício de atividade da vontade ainda cega, isto é, residente em seu próprio domínio – para a atividade e impulsão mesmas e assim balançarmos a cabeça para o fato de a vontade dever instituir às cegas e desprovida de conhecimento o que, com todo o conhecimento, nunca podemos conceber. Pois as dificuldades que ali vemos entraram em cena primeiro com o conhecimento. É a dificuldade de dissolver oposições que lá ainda não existem. A estrutura interna das plantas, e ainda mais a estrutura interna dos animais, especialmente a dos mais complexos, expõem-se à nossa investigação tão admiravelmente de acordo com fins que pensamos nelas como o trabalho da mais pensada,

---

100 "Autômato". (N. T.)

Metafísica da natureza

da mais clarividente ponderação e composição: exatamente assim se expõe a nós o impulso industrioso dos animais como ações minuciosamente ponderadas segundo conceitos de fim: porém tais ações instituem sua obra sem conceito de fim, e a partir de vontade cega: exatamente assim é que a natureza institui a estrutura dos organismos, na medida em que a vontade objetiva-se aqui imediatamente: seu modo de atividade é sem ponderação e não é guiado por conceitos de fim, visto que estes entram em cena só na e com a representação. A representação, no entanto, é de origem totalmente secundária, como em breve veremos; tão somente a vontade é o radical e originário e enquanto tal ainda sem representação. Para concebermos a possibilidade de como a vontade cega e desprovida de conhecimento produz o que é apreendido pelo conhecimento como se fosse altamente ponderado segundo fins, pode servir-nos como elo intermediador de cognição considerar como justamente aquela vontade desprovida de conhecimento produz algo matematicamente regular sem regra anterior: na cristalização. Consideremos a granada octaédrica ou o floco de neve: seis raios de igual comprimento partem de um ponto central unidos em ângulos de sessenta graus, e no entanto essa figura matemática exata não foi calculada por conhecimento algum. Trata-se aqui do empenho ainda bastante simples da vontade em diversas direções, para todos os lados de maneira uniforme; algo que, quando entra em cena para o conhecimento, se expõe nessa figura: que todavia não proveio de conhecimento nem foi por ele calculado: e, assim como a vontade institui tal figura regular sem matemática e sem *transporteur*, assim também a vontade produz o organismo mais altamente funcional da planta e do animal, sem tratado de fisiologia e de anatomia.

195

Aquela forma finalística no espaço, no caso da cristalização, existe apenas para a intuição, e o espaço mesmo existe apenas como o modo de nossa intuição, é sua forma: assim também a finalidade do organismo existe apenas para a razão que conhece, cuja forma de conhecimento é a discursiva que progride por conceitos de meio e de fim e, segundo estes conceitos, resume o que lhe é apresentado.

Em breve, desenvolverei em pormenores o capítulo sobre a finalidade na natureza.

Disse que no processo vegetativo das plantas e na estrutura dos animais, o móbile das aparências ainda são meros estímulos, não *motivos*, ou seja, meros estímulos provocam as aparências.

c) Animais, entrada em cena do conhecimento

Os graus cada vez mais elevados de objetidade da vontade chegam finalmente ao ponto no qual o indivíduo, que expõe a Ideia, não mais pode obter através de mero movimento por estímulo seu alimento que vai ser assimilado; visto que é preciso esperar por tal estímulo: aqui, todavia, o alimento já é especialmente determinado e, ademais, com a variedade sempre crescente das aparências, segue-se que a profusão e o tumulto tornam-se tão grandes, que as aparências perturbam-se mutuamente, de forma que o acaso, do qual o indivíduo movido por simples estímulo teria de esperar o alimento, seria aqui demasiado desfavorável. O alimento tem de ser procurado, escolhido desde o momento em que o animal deixa o ovo ou o ventre materno no qual vegetava desprovido de conhecimento. Por conseguinte, o movimento por mero estímulo não é mais suficiente. Para a natureza, nasce, assim, a necessidade de um movimento por *motivos*: para este, no entanto, torna-se por sua vez necessário o *conhecimento*: portanto, este entra em cena neste grau de objetivação da vontade (que o termo *animal* designa) como um instrumento necessário, μηκανέ, para a conservação do indivíduo e para a propagação da espécie. O conhecimento, assim, aparece representado pelo cérebro ou por um grande gânglio, assim como qualquer outro esforço ou determinação da vontade que se objetiva é representado por um órgão. – Com esse instrumento, μεχανή, surge de um só golpe o *mundo como representação* com todas as suas formas essenciais, objeto e sujeito, espaço, tempo, pluralidade e causalidade. O mundo mostra agora seu segundo lado. Até então simples *vontade*, doravante é ao mesmo tempo representação, objeto do sujeito que conhece. A vontade, que até então seguia na obscuridade a sua impulsão com extrema certeza e infalibilidade, inflamou neste grau de sua objetivação uma luz para si, meio este que se tornou necessário para a supressão da desvantagem que resultaria da profusão e da índole complicada de suas aparências, o que afetaria as mais complexas delas. A infalível certeza e a regularidade com que a vontade exercia sua atividade até então na natureza meramente inorgânica e vegetativa assentava-se no fato de ali ela ser ativa exclusivamente em sua *essência originária*, como ímpeto cego, vontade sem o auxílio, no entanto sem a perturbação, de um segundo mundo inteiramente outro, o mundo como representação, que em verdade é apenas a imagem copiada de sua própria essência, entretanto de natureza por inteiro diferente e que agora intervém na conexão das aparências da vontade. Doravante cessa aquela infalível certeza e aquela estrita regularidade da vontade. Os animais já estão sujeitos à ilusão, logo ao engano. Eles têm, todavia, apenas representações intuitivas, mas nenhuns conceitos nem reflexão, estão portanto presos ao presente e não podem levar em conta o futuro, por conseguinte também estão submetidos apenas à ilusão, mas não ao erro propriamente dito. Porém, exclusivamente no *conhecimento* reside a diferença entre o humano e o animal. A essência íntima em ambos é exatamente a mesma: a saber, a vontade, que em tudo quer o mesmo, vida, existência, bem-estar, propagação. Eis por que compreendemos muito facilmente e com segurança interpretamos tudo o que no animal é estimulação volitiva, afetação da *vontade*, precisamente porque isso é imediatamente idêntico com o nosso próprio querer: ao contrário, é tão somente o *modo de conhecimento* do animal o que nos põe em insegurança e gera meras especulações. O que é compreensível: pois a vontade, como o radical e originário em cada ser, como a coisa em si, é em toda parte uma e a mesma: por isso não hesitamos em também atribuir aos animais imediatamente e de modo invariável todos os *estímulos da vontade*, todos os *afetos* que conhecemos em nós mesmos: apetite, medo, sofrimento, alegria, raiva, amor, ciúme, desconfiança, ódio, anelo etc., todos concedem isso com segurança aos animais: porém, tão logo se trate de coisas do mero conhecimento relacionadas aos animais, começa imediatamente a incerteza. Que o animal julgue, saiba, pense, conceba, ninguém se arrisca a dizer: por outro lado, que ele tenha consciência e representação, não se pode negar: a determinação só pode ser dada a partir de séria investigação. Tudo isso mostra como justamente a representação é o secundário e modificável, a vontade, o radical, primário, originário e imutável em todas as aparências.

Mas parece que é como se esse conhecimento desprovido de razão não fosse em todos os casos suficiente para os fins

Metafísica da natureza

da vontade, com o que ela por vezes precisou de um auxílio. Com isso, podemos observar a aparência bastante notável de que a atuação cega da vontade e a ação iluminada pelo conhecimento invadem, em dois tipos de aparição, uma o domínio da outra da maneira mais surpreendente. A saber, em um primeiro caso, se considerarmos as ações dos animais guiadas por conhecimento intuitivo e seus motivos, encontramos uma que não é consumada por motivo, portanto uma que se dá com a mesma necessidade da vontade que atua cegamente: refiro-me ao impulso industrioso dos animais, que não é conduzido por motivo ou conhecimento algum e no entanto tem a aparência de ser executado através de motivos abstratos, racionais. — O outro caso, oposto a este, é aquele em que, ao contrário, a luz do conhecimento penetra na oficina da vontade que ainda atua cegamente e assim ilumina as funções vegetativas do organismo humano: refiro-me à *clarivisão* produzida pelo magnetismo animal.

Por fim, lá onde a vontade atingiu o grau mais elevado de sua objetivação, não é mais suficiente o conhecimento do entendimento do qual o animal já é capaz e cujos dados são fornecidos pelos sentidos e de onde surge a simples intuição ligada ao presente. O humano como o ser mais complicado, multifacetado, plástico, altamente necessitado e indefeso teve de ser iluminado por um duplo conhecimento para poder sobreviver: não lhe era suficiente que conhecesse suas necessidades *presentes*; mas também que antecipasse as futuras: com isso, coube-lhe por assim dizer uma potência mais elevada do conhecimento intuitivo, um reflexo do mesmo: o conhecimento abstrato por conceitos, a razão. Com esta, surgiu a clarividência contendo o panorama do futuro e do passado e, em consequência dela, a ponderação, o cuidado, a habilidade para a ação calculada e independente do presente, por fim a consciência totalmente clara das próprias decisões voluntárias enquanto tais. — Se de um lado a possibilidade da ilusão e do engano surgiu com o conhecimento meramente intuitivo e assim foi suprimida a anterior infalibilidade na atuação desprovida de conhecimento da vontade; com o que o instinto e o impulso industrioso, como exteriorizações da vontade inconsciente, tiveram de vir em auxílio e intervir em meio àquelas exteriorizações da vontade guiadas pelo conhecimento; por outro lado, com o aparecimento da razão é quase inteiramente perdida aquela segurança e infalibilidade das exteriorizações da vontade, as quais no outro extremo, na natureza inorgânica, aparecem inclusive como estrita conformidade a leis. Após a entrada em cena da razão, o instinto vai por completo para o segundo plano: porque a natureza (isto é, a vontade em sua objetivação), depois de já ter feito sua intervenção com o último e mais perfeito meio de ajuda para a conservação do indivíduo, nomeadamente o conhecimento refletido da razão, doravante, conforme sua parcimônia (*lex parsimoniae*), pretere aquela ferramenta de alcance limitado, usada nos graus mais baixos como ajuda emergencial: algo assim como, depois de se ter armado os guerreiros com espingardas, dispensa-se suas lanças, suas alabardas, seus eixos de batalha, suas armaduras. A ponderação, que agora deve a tudo substituir, produz vacilações e incertezas: o erro torna-se possível, sim, ele é com frequência presente. Erro que impede em muitos casos a objetivação adequada da vontade, impede sua expressão mediante atos. Pois embora no caráter de cada indivíduo a vontade tenha o determinado e imutável grau de sua objetivação e o ato correspondente a este entre em cena infalivelmente conforme a ocasião dos motivos; o erro no entanto pode inibir a aparência do caráter, na medida em que suprime ou modifica sua exteriorização: pois o *medium* dos motivos é o conhecimento, e neste o erro tem agora espaço de manobra e insinua motivos ilusórios que de imediato atuam como se fossem motivos reais e amiúde opõem-se a estes, determinando, em vez destes, as ações: por exemplo, em cada mentira que nos ludibria; ou na superstição que compele o homem, por motivos imaginários, a um modo de ação que é exatamente o oposto de como sua vontade viria a exteriorizar-se: dessas forma, Agamenon sacrifica sua filha: um avaro dá esmolas por puro egoísmo na esperança de um retorno dez vezes maior. Os escolásticos diziam: *causa finalis non agit secundum suum esse reale, sed secundum suum esse cognitum.*[101] Na medida em que vimos como o conhecimento emerge a partir da objetivação da vontade em graus elevados como μεχανή, meio de ajuda para essa objetivação; e como, por fim, nos graus mais elevados tal μεχανή é por assim dizer duplicado através da reflexão, do conhecimento racional; então lembremos uma consideração prévia sobre a configuração dos animais com armas naturais e habilidades naturais.

Espero ter-vos tornado claro que o conhecimento em geral, tanto o racional quanto o simplesmente intuitivo, provém originariamente da vontade mesma, pertence ao ser dos graus mais elevados de sua objetivação, entrando em cena aqui como simples μεχανή, um meio para a conservação do indivíduo e da espécie, como qualquer outro órgão do corpo. Por conseguinte, originariamente determinado para o serviço da vontade, para a

---

101 "A causa final não faz efeito segundo seu ser real, mas segundo seu ser conhecido." (N. T.)

realização de seus fins, o conhecimento permanece-lhe quase sempre servil em todos os animais e em quase todos os seres humanos. *Illustratio.* Todavia, veremos na sequência como o conhecimento em alguns seres humanos furta-se a essa servidão, emancipa-se desse jugo e pode subsistir para si mesmo, livre de todos os fins do querer, como límpido espelho do mundo, conhecimento este do qual procede a arte: sim, na ética veremos como esse modo de conhecimento, retroagindo sobre a vontade, pode conduzir à autossupressão da vontade, ou seja, à resignação, que se nos apresenta como o alvo final, sim, como a essência íntima de toda virtude e santidade, e como a redenção do mundo.

13
Consideração sobre a vontade em referência à gradação e à pluralidade de suas aparências

Nós consideramos a grande variedade e a grande diversidade das aparências nas quais a vontade se objetiva. Vimos uma luta sem fim e irreconciliável entre elas. Não obstante, de acordo com nossa exposição feita até o momento, a vontade mesma como coisa em si de modo algum inclui-se naquela variedade e pluralidade e mudança. A diversidade das Ideias ou gradações da objetivação da vontade, a multidão dos indivíduos em que cada uma dessas Ideias se expõe, a luta das formas pela matéria; tudo isso não concerne à vontade mas é apenas a forma de sua objetivação, e apenas através desta há uma relação mediata com aquela, na medida em que tudo isso pertence à expressão de sua essência para a representação. Da mesma forma que uma *lanterna mágica* mostra muitas e variadas imagens, porém aí se trata de uma única e mesma flama que confere visibilidade a elas; assim também em todas as diversas aparências, que preenchem o mundo uma ao lado da outra, ou que se rechaçam em ocorrências sucessivas, trata-se apenas de *uma vontade* que aparece; tudo é sua objetidade, porém ela mesma permanece imóvel em meio a essa mudança; por mais rápido que suas aparências passem, ela própria não se deixa levar por elas. Só a vontade é a coisa em si: todo objeto, ao contrário, é mera aparência, mero fenômeno existente apenas na representação.

Em verdade, a vontade encontra no ser humano, isto é, na Ideia de ser humano em geral, a sua objetivação mais nítida e perfeita. Contudo, ela não podia exprimir sua essência apenas através dessa Ideia. A Ideia de ser humano, para aparecer em sua atual significação, não podia expor-se isolada e separadamente, mas tinha de ser acompanhada por uma sequência decrescente de graus em meio a todas as figuras animais, passando pelo reino vegetal até o reino inorgânico: todos esses reinos complementam-se para a objetivação plena da vontade: a Ideia de ser humano os pressupõe, assim como as flores das árvores pressupõem folhas, ramos, tronco e raiz: os reinos da natureza formam uma pirâmide cujo ápice é o ser humano. Também se pode dizer que todas essas aparências acompanham a aparência do ser humano tão necessariamente quanto todas as inumeráveis gradações da penumbra acompanham a plena luz do dia e pelas quais esta se perde na escuridão. Todavia, a melhor exposição em imagem daquela necessidade entre as gradações da vontade, partindo do ser humano até embaixo, nós a conheceremos mais adiante na estética:[102] trata-se de uma parte fundamental de uma arte singular e muito excelsa: nomeadamente a *harmonia*: ora, na consideração da significação estética da música encontraremos e explicitaremos com fundamentos como o baixo profundo, que é a base, sim, a base matemática de toda a harmonia, representa a natureza inorgânica, a massa

---

102 Schopenhauer refere-se aqui ao seu terceiro conjunto de preleções, a *Metafísica do belo*, trad. Jair Barboza: São Paulo: Ed. Unesp. (N. T.)

Metafísica da natureza

do planeta; sequencialmente, as gradações determinadas de tons e vozes mais elevados expõem as restantes forças da natureza, o mundo vegetal e o mundo animal: todas essas vozes ripienas têm mera harmonia, ainda não melodia; essa melodia, a sequência que progride facilmente em significado e coerência através de notas mais elevadas, ágeis, só a voz condutora possui, na qual reconheceremos a exposição da vida e do esforço humanos conectados com clareza de consciência. Para a plena impressão da música, no entanto, é necessária toda aquela harmonia através da qual primeiramente a melodia aparece na devida significação. Portanto, exclusivamente a música pode nos fornecer o verdadeiro conhecimento da necessidade das gradações de objetivação da vontade. — No entanto, essa *necessidade interior* na gradação de suas aparências, que surge da essência mesma vontade e é, portanto, inseparável de sua objetivação adequada, é também expressa no conjunto dessas próprias aparições por uma necessidade *exterior*, por uma necessidade física em virtude da qual o ser humano precisa dos animais para a própria conservação, e estes, por sua vez, precisam uns dos outros segundo seus graus, e por fim também os animais precisam das plantas; que por sua vez precisam do solo, da água, dos elementos químicos e seus compostos, do planeta, do sol, da rotação e da translação em torno deste, da obliquidade da eclíptica e assim por diante. — —

14
Teleologia da natureza

O conhecimento da *unidade* da Vontade como coisa em si em meio à infinita diferença e variedade das aparências forneceu-nos o verdadeiro esclarecimento sobre a impressionante e inquestionável *analogia de todas as produções da natureza*, sobre sua semelhança de família (devido à qual aparecem como variações do mesmo tema, que no entanto não foi dado). Esse conhecimento, conectado com a intelecção da acima explicitada *harmonia*, a conexão essencial de todas as partes do mundo, a necessidade de sua gradação através de todas as Ideias – esses dois conhecimentos, ia dizer, concebidos em conjunto, devem agora abrir-nos uma verdadeira e suficiente intelecção em uma característica da natureza reconhecida desde tempos imemoriais, nomeadamente a *finalidade* de todos os produtos orgânicos da natureza, finalidade que nós pressupomos até mesmo *apriori* no julgamento deles, mesmo lá onde ainda não os conhecemos. A essência íntima, a origem e a significação dessa finalidade, é nisso que agora nos deteremos.

O julgamento da natureza pelo fio condutor dos conceitos de meio e fim denomina-se *teleologia*; consideração teleológica da natureza. A finalidade que percebemos em toda parte, e inclusive a pressupomos onde ainda não a percebemos, é de espécie dupla, uma *interna* e outra *externa*. Tendemos a considerar os seres orgânicos como o principal fim da natureza, de preferência os seres humanos, em seguida os animais e as plantas. A *finalidade interna* consiste na concordância ordenada entre si de todas as partes de um organismo de forma que elas se servem reciprocamente uma da outra e daí resulta a conservação do indivíduo e a propagação de sua espécie como fim último. Já a *finalidade externa* consiste em uma relação da natureza inorgânica para com a orgânica, ou também em uma relação entre si de partes isoladas da natureza orgânica, que torna possível a conservação dos seres orgânicos, especialmente dos animais e dos seres humanos, por conseguinte julga-se aí que há meios para certos fins.

Finalidade interna

Primeiro, a finalidade *interna*. Cada ser orgânico nos aparece de tal forma, que é como se à sua existência tivesse precedido um conceito dessa existência, e assim, conforme esse conceito de seu fim, ele teria sido figurado: como à uma obra de arte precede o conceito dela: a obra, o fim; as suas partes e a sua realização, o meio. Considerai a estrutura de um animal. Seus membros exteriores são instrumentos para capturar, apanhar, subjugar sua presa; depois, dentes para cortar, saliva para preparar a digestão; por fim, internamente, o evento mais miraculoso para a assimilação geral do estofo estranho ao próprio estofo: a digestão, produção de sangue, distribuição e circulação de sangue, alimentação de todas as partes pelo sangue,

Metafísica da natureza

separação a partir do sangue de humores que servem novamente à digestão, o artifício para remover o supérfluo e o inútil, e tudo isso em um ciclo constantemente renovado: a respiração para a oxidação do sangue e a produção de calor etc. Em seguida, o miraculoso sistema de reprodução: nas plantas, através do maravilhoso artifício das flores: nos animais, a distinção dos sexos, o impulso para a união: a alimentação no corpo ou no ovo: finalmente, a geração do leite no tempo do nascimento: tudo isso como uma combinação altamente refinada de meio para fim. A enumeração não tem limite. Então em detalhes: a garra do leão; *chorioidea* é em todos os animais de coloração preta, porém em muitos animais predadores noturnos é de coloração branca, metalicamente reluzente, para intensificar a pouca luz recebida, projetando-a de volta; olho de foca. Todo animal está adaptado o mais perfeitamente possível ao seu modo de vida: o peixe, através de guelras, barbatanas, cauda, bexiga. A ave do pântano, através de longas pernas. A ave nadadora, através da membrana interdigital. O inseto, pelas asas, ferrão, probóscide para picar, furar, serrar. O sapo das árvores tem um tipo de esponja nos pés para se agarrar a corpos lisos, mesmo em posição vertical. Uma finalidade bastante especial foi descoberta por *Réaumur* nas *patellas*, ou vieiras: estes pequenos animais aderem em grande número a penhascos no mar, a concha na posição vertical tão aderente que são necessárias 28 libras de peso para soltá-los: como pode um tão pequeno animal aderir tão fortemente?: ele tem glândulas que, quando as pressiona, libera de si uma espécie de cola tão aderente que o liga de modo firme: e assim nem ondas do mar nem animais hostis podem descolar as *patellas*: mas, e se quiser mudar de lugar, o que fazer, uma vez que está firmemente colado? Ele tem um tipo diferente de glândula que está embutida, entre as anteriores, em sua base: tais glândulas contêm uma umidade especial que dissolve aquela cola: conforme quer prender ou soltar a concha, pressiona um ou outro tipo de glândula, guiado por um instinto próprio (*Mém. de L'Acad.* 1710, 1711. *Réaumur.*) Se encontramos em um animal uma parte cujo fim não vislumbramos, então o pressupomos. *Ergo: da capo.*[103] Entretanto, esse nosso modo de vislumbrar não nos autoriza a tomar tal perspectiva como conhecimento objetivo: em especial porque entre a construção de um organismo e a de uma obra de arte existe propriamente dizendo apenas uma analogia bastante imperfeita. Na obra de arte, a matéria e a forma são originariamente estranhas entre si e vêm a ser coligidas: a matéria adapta-se à forma apenas até um certo grau. No produto natural, matéria e forma são absolutamente unos, concordando intimamente: as últimas partes a serem verificadas são orgânicas: não se encontram peças inorgânicas através de desmontagem, como no caso da obra de arte. O organismo preserva-se e repõe a si mesmo etc. — Em vez de dizer que a natureza tem de fazer efeito como nós em nossas obras de arte; deveríamos dizer: se nossas obras de arte forem levadas tão longe, então esse nosso fazer efeito conforme conceitos de fim adquirem uma fraca e distante semelhança com o fazer efeito da natureza. Porque só podemos pensar a concordância das partes com o todo pelo fato de o conceito lhes ter precedido e ter sido o motivo da construção; daí não se segue que tenhamos o direito e a autorização de imputar à natureza um tal tipo fazer-efeito: ademais, esta hipótese nos compeliria também a assumir que cada organis-

---

103 "Logo: do início". (N. T.)

Metafísica da natureza

mo seria a obra de uma vontade alheia fazendo efeito conforme conhecimento e motivo: já que em decorrência de toda a nossa inferência, o organismo é a aparência de uma vontade própria que justamente aí se objetiva. Mas sabemos que toda forma de causalidade, que inclui também o fazer efeito segundo conceitos de fim, pertence apenas ao nosso entendimento, dele sai, é de origem subjetiva e, por conseguinte, sempre permite conhecer só a aparência, não a coisa em si.

Em conexão com nossa perspectiva, a finalidade interna será doravante compreensível através da seguinte exposição, na qual poderá penetrar quem tiver bem apreendido e tornado presente, através da atenção mais aguçada, tudo o que antes fora exposto. – Sabemos que toda a diversidade de figuras na natureza e toda a pluralidade dos indivíduos não pertencem à vontade mesma, mas apenas a sua objetidade e à forma desta: disso se segue que a vontade mesma é indivisível e está presente por inteiro em cada aparência, embora os graus de sua visibilidade, de sua objetivação sejam bastante variados. Esses graus são as *Ideias*. Para mais fácil apreensão podemos considerar essas diversas Ideias como atos individualizados da vontade nos quais sua essência, a mais ou a menos, se exprime: tais atos, posto que são Ideias, residem fora do tempo: porém os indivíduos, as aparências dos atos da vontade, residem no espaço e no tempo e por conseguinte aparecem como pluralidade. – Cada um de tais atos (Ideias) nos *graus mais baixos* de objetivação também conserva em sua aparência a própria unidade originária ou simplicidade: por outro lado, nos *graus mais elevados* cada ato (Ideia) necessita, precisamente porque é mais rico em conteúdo, de toda uma série de estados e de desenvolvimentos no tempo para assim desdobrar sua essência, de modo que apenas toda a série tomada em seu conjunto é a expressão plena de sua essência. Nesse contexto, por exemplo, os graus mais baixos ou Ideias são as forças universais da natureza inorgânica: deve-se considerar cada uma dessas forças, enquanto Ideia mesma exterior ao tempo, como um ato simples da vontade; nesse sentido, cada uma das forças naturais, por exemplo a gravidade, a eletricidade, o magnetismo, tem sempre apenas uma exteriorização, embora esta exponha-se diferentemente de acordo com as circunstâncias das relações exteriores: se esse não fosse o caso, então a identidade de uma força natural não poderia de maneira alguma ser demonstrada, o que acontece mediante a abstração das diferenças resultantes de relações meramente exteriores. *Illustratio*. Portanto, o essencial de sua exteriorização é sempre o mesmo, exprime-se completamente em cada efeito, seu decurso de vida é um instante, o momentâneo fazer-efeito conforme uma lei. Precisamente nesse sentido é que também o cristal só tem uma exteriorização de vida, que é a sua formação, a qual depois em forma cristalizada, este cadáver daquela vida momentânea, tem a sua expressão plenamente adequada e exaustiva. — Por outro lado, nos graus mais elevados, a Ideia aparece, embora originariamente um ato indiviso exterior ao tempo, só mediante uma sucessão de estados. Até mesmo a *planta* não exprime a Ideia, da qual ela é a aparência, de uma única vez por exteriorização simples; mas sim através de uma sucessão no tempo de desenvolvimentos de seus órgãos. O animal não desenvolve o seu organismo gradualmente de um só modo através de uma sucessão de figuras bem diversas (metamorfose), mas até mesmo a simples figura em geral, embora já objetidade da vontade neste grau, não é suficiente para a plena exposição de sua Ideia, antes esta é suplementada através das ações do animal

Metafísica da natureza

nas quais seu caráter empírico, que é o mesmo em toda a espécie, se exprime: o inteiro agir do animal, seu decurso de vida, é portanto a plena manifestação de sua Ideia, mas pressupõe o organismo particular como condição fundamental, encerra-o em si mesmo.

No ser humano, o caráter empírico já é peculiar a cada indivíduo. Recordemos que esse caráter empírico é a aparência do caráter inteligível: apenas o desenvolvimento necessário no tempo e a divisão em uma série de ações isoladas condicionada por tal desenvolvimento, a partir do que coligimos o caráter empírico, é o que *diferencia o caráter empírico do caráter inteligível*, este que deve ser visto como um ato da vontade único e exterior ao tempo. Esse caráter inteligível coincide, portanto, com a Ideia. Em verdade, não é apenas o caráter empírico de cada ser humano; mas também o caráter empírico de cada espécie animal, sim, de cada espécie vegetal e até mesmo de cada força originária da natureza inorgânica que deve ser visto como aparência de um caráter inteligível, isto é, de um ato indiviso e extratemporal da vontade.

O dito até agora foi apenas um prelúdio da explicitação da finalidade interna que encontramos nos organismos. Agora eu avanço na explicitação. Vimos que na natureza inorgânica a Ideia a ser considerada em toda parte como um ato único da vontade exterior ao tempo também se revela em uma exteriorização única e sempre igual: por isso podemos dizer que na natureza inorgânica o caráter empírico *participa imediatamente* da unidade do caráter inteligível, como que coincide com ele: por isso aqui não pode mostrar-se finalidade interna alguma. Por outro lado, se todos os organismos expõem sua Ideia só por uma sucessão de desenvolvimentos contínuos, condicionados por uma variedade de partes diferentes uma ao lado da outra: então aqui o caráter empírico não participa da unidade do caráter inteligível; mas só a soma completa das exteriorizações do caráter empírico é a expressão do caráter inteligível. Entretanto, essa coexistência necessária das partes e da sucessão dos desenvolvimentos não pode suprimir a unidade originária da Ideia ou do ato extratemporal da vontade: antes, essa unidade encontra sua expressão na relação necessária e conexão daquelas partes e desenvolvimento entre si, de acordo com a lei de causalidade. Ora, visto que é a vontade única e indivisa – e justo por isso inteiramente coerente consigo mesma – que manifesta a si em toda a Ideia como se se manifestasse em um ato; segue-se que a aparência da vontade, embora entre em cena em uma diversidade de partes e estados, tem de mostrar novamente aquela unidade em uma concordância completa dessas partes e desses estados: isso ocorre por meio de uma necessária relação e dependência de todas as partes entre si, com o que também a unidade da Ideia é restabelecida na aparência. Por isso, por exemplo (segundo Cuvier, *Leçons d'anatomie comparée; Introduction*), nunca é encontrado no mesmo animal um dente de cão capaz de laceração, e no pé um casco bastante adequado para carregar o peso do corpo mas que não é útil como arma para um predador. Todavia, é regra segura a de que onde se encontra um casco há sempre dentes com uma superfície plana, como mó para esmagar alimentos vegetais; encontra-se um canal intestinal longo, um estômago grande, muitas vezes mais do que um estômago, nomeadamente em ruminantes. Entre os predadores, tudo se inverte. – Essa consequência interna na estrutura de cada animal brota da unidade da Ideia, que é a objetivação adequada de um ato indiviso da vontade, que por sua vez constitui a

Metafísica da natureza

essência íntima do animal. Da mesma forma, os diferentes sistemas em cada organismo são precisamente correspondentes e apropriados um ao outro: o sistema digestivo, o sistema respiratório, o sistema reprodutivo etc. Assim também todas as partes individuais estão na mais perfeita harmonia entre si: assim que uma parte é figurada de outra forma, também as demais o são, conforme sua diretriz. Em um animal, nenhum osso pode ser diferente em sua proporção, em suas curvaturas, em suas protuberâncias, em relação a outro, sem que os outros ossos também tenham modificações correspondentes. Por isso, se um experiente investigador da natureza vê apenas um osso principal de um animal, pode daí concluir de modo bastante seguro sobre a estrutura, sim, sobre o modo de vida do animal. Em consequência, conhecemos aquelas diferentes partes e funções do organismo como meio e fim recíprocos umas das outras, o organismo mesmo, todavia, como o fim último de todas elas. *Illustratio.* Por conseguinte, tanto o desdobramento da Ideia, esta que é em si simples, na pluralidade das partes e nos estados do organismo, de um lado, quanto, de outro, o restabelecimento de sua unidade através da necessária ligação dessas partes e funções, na medida em que estão em contínua relação umas com as outras, e são portanto causa e efeito, ou seja, meio e fim uns dos outros, não são essenciais e próprias à vontade que aparece enquanto tal, à coisa em si mesma, mas pertencem apenas à sua aparência, devido às formas destas, o tempo, o espaço e a causalidade, ou seja, devido ao princípio de razão.

Aquelas características, portanto, pertencem ao mundo como representação, não ao mundo como vontade: pertencem à maneira como a vontade se torna objeto, representação, neste grau de sua objetidade. Quem penetrou no sentido dessa elucidação, talvez bastante difícil, entenderá doravante de modo correto o que nesse sentido ensina Kant, a saber: "Tanto *a finalidade do orgânico* quanto a *legalidade do inorgânico* são primariamente introduzidas por nosso entendimento na natureza e portanto concernem apenas à aparência não à coisa em si". Isso se lhes tornará mais claro. Mencionamos antes que a visão da estrita legalidade na *natureza inorgânica*, a *precisão* com que aqui a natureza segue suas próprias leis, a constância infalível da entrada em cena de cada exteriorização de uma força natural, tem de despertar espanto: esse espanto é no fundo o mesmo que temos diante da finalidade da natureza orgânica: pois em ambos os casos nos surpreendem a visão da unidade originária da Ideia que, na aparência, assumiu a forma da pluralidade e da diferença. Esse espanto brota em ambos os casos do fato de vermos o fazer-efeito originário da natureza, logo, desprovido de conhecimento, como um fazer-efeito secundário conduzido por conhecimento, este que é, porém, um falso critério de julgamento. Na *precisa legalidade da natureza inorgânica*, de imediato reconhecemos que, embora ela siga com exatidão uma lei promulgada para o conhecimento, não temos de pensá-la como guiada pelo conhecimento. Por exemplo, é uma lei natural que todo o corpo que é privado de suporte, cai: entrementes, inúmeros corpos, por exemplo pedras, são suportados em muralhas bem antigas durante milhares de anos: mas se por um acaso o suporte é retirado, a pedra cai: é como se a gravidade estivesse sempre à espreita e aguardando a oportunidade para fazer valer sua lei. Na primavera, o sol descongela o solo congelado, tornando-o úmido: mas onde apenas uma estaca, uma árvore, um galho lançam sua sombra, o solo permanece seco e

Metafísica da natureza

desenha por exemplo a figura do galho: se então em um passeio repetidamente nos deparamos mil vezes com isso, então parece que é como se a natureza tivesse seguido lei e regra por toda parte, o sol tivesse tornado o solo úmido, exceto ali onde uma sombra tinha o direito de conservá-lo seco. Em tais casos, vemos a natureza agir exatamente como se fosse segundo lei e regra, logo, segundo uma representação: *nós* só podemos fazer efeito de forma uniforme e legal se formos guiados por uma regra, que é representação. Contudo, vemos facilmente que a natureza em sua legalidade não é orientada por regras, isto é, por representação. Da mesma forma, temos de nos representar que também suas produções *finalísticas* no *organismo* não são criadas sob a condução de representação e segundo conceitos de fim: embora nós, só sob a condução destes, pudéssemos fazer algo semelhante. Isto é correto: Kant deixa valer a consideração teleológica da natureza meramente como máxima subjetiva orientadora; não quer de maneira alguma que ela seja considerada como uma visão objetiva da natureza. Todavia, o conceito de finalidade, uma vez que toda a natureza é apenas aparência, é tão objetivo como a própria natureza: falso é apenas isto, que essa finalidade seja sempre obra do conhecimento, como acontece com as obras humanas, falso é que tudo o que é finalístico tenha se originado *conforme* fim, isto é, conforme conceitos prévios; falsa é a conclusão de que a finalidade é o resultado de uma vontade orientada por um fim, logo, por um conhecimento. Consideremos isso mais pormenorizadamente. O conceito de *causa-final*, isto é, fim-último da natureza, foi introduzido na filosofia primeiro por Aristóteles: quando classificou quatro tipos de causa: *causa formalis, materialis, efficiens* e *finalis*: a última το τινος ένεκα, também αιτια ως τελος. Assim,

217

incluiu os fins últimos entre as *causas*, a partir das quais a origem de uma coisa poderia ser suficientemente explanada: isso não foi propriamente correto. *Fins* são, em realidade, *motivos*, e, como fundamento *suficiente* de *explanação*, só podem valer para as ações humanas: em mais nenhum outro lugar. Os escolásticos agarraram-se firmemente à divisão aristotélica. Mais tarde, Francis Bacon posicionou-se em termos de história natural de maneira sarcástica contra as *causas finais*. *Causarum finalium inquisitivo sterilis est, & tanquam Virgo Deo consecrata nihil parit.*[104] (*De Augm. sc. Lib. 3, c. 5.*) Ele tinha razão no que se refere ao método da escolástica, que imperava em seu tempo, de considerar a natureza; no qual tanto na natureza inorgânica quanto na orgânica superava-se toda a investigação sobre as causas efetivas através da indicação da causa-final, para em seguida passar-se à admiração da sabedoria de Deus. Desde então no entanto foi-se amiúde longe demais com o banimento das causas-finais em termos de história natural. Da consideração da natureza inorgânica (cuja teleologia vou em breve criticar) elas têm de fato de ficar longe. Mas, na consideração da natureza orgânica, os fins são sem dúvida alguma um confiável fio condutor para conhecimento das funções internas do organismo e deixam com isso espaço para explanação de como a natureza, *fazendo efeito* por causas propriamente ditas, alcança seus fins. Nenhuma parte de um animal pode ficar sem propósito para a existência do todo: precisamente porque o todo é a aparência de um ato indiviso da vontade. A convicção disso é tão natural e segura que, por exemplo, embora ainda não se conheça muito

---

104 "A investigação das causas finais é estéril e, tanto quanto uma virgem consagrada a Deus, não pare nada." (N. T.)

Metafísica da natureza

bem a função do *baço*; todavia não há desistência em investigá-lo com a inabalável certeza de que ele deve ter uma. — Ora, porque é um ato de vontade que tem de se dar exterior ao tempo, indiviso e concordante consigo mesmo, do qual cada animal é a aparência; que justamente por isso cada organismo é tão integralmente finalístico, acabado como se fosse uma obra do mais elevado conhecimento, enquanto em realidade é a obra da vontade que precede todo conhecimento e primeiro torna a este mesmo possível com todos os seus objetos. Máquinas concebidas pelo ser humano, isto é, através do conhecimento, têm sempre algumas falhas e defeitos ou desvantagens, e são também gradualmente melhoradas: mas as obras de natureza orgânica são sem manchas, são as mais perfeitas, jamais melhoráveis. Toda mudança que se pudesse propor seria infalivelmente uma piora, sim, estragaria e destruiria o todo. Por isso a natureza também não melhora as suas formas, mas as mantém inalteradas como as mesmas. Suas obras têm essa perfeição jamais melhoráveis, ou seja, precisamente sua finalidade, porque nelas um único ato de vontade se exprime de imediato e impõe à sua aparência a consistência e a harmonia interna que é a efígie de sua unidade, de sua simplicidade e indivisibilidade. Portanto, se a mais elevada finalidade é e tem de ser o caráter essencial de todos os produtos da natureza, como agora *apriori* reconhecemos; então o conceito de fim (causa-final) tem de ser decerto o melhor fio condutor para a compreensão da estrutura e da engrenagem de cada organismo. Por isso a anatomia comparada é um tão excelente e grande meio de ajuda para a fisiologia, porque nos mostra como em diferentes animais a natureza consumou os mesmos fins principais (respiração, circulação sanguínea, digestão, geração, sensação, locomoção etc.) em circunstâncias diferentes e por diferentes vias, no entanto sempre alcançando o essencial: assim, vemos claramente em que consiste o essencial e qual é o verdadeiro fim de cada órgão: isto é, conhecemos as verdadeiras funções dos órgãos; e estas são justamente o problema da fisiologia.

Finalidade externa

Segundo, a *finalidade externa*. Esta se mostra não na economia interna dos organismos, mas no muito apoio e na muita ajuda que recebem do exterior; tanto da natureza inorgânica quanto uns dos outros. Assim, por exemplo, existe uma proporção exata entre o peso de cada animal que o prende à superfície da terra e a sua força muscular, devido à qual domina o peso para deslocar-se de seu lugar: sem essa proporção, os animais ficariam imóveis. Assim, por exemplo, o ar com essa determinada mistura de suas duas partes é um meio de ajuda bastante necessário de toda a vida animal, e existem fontes na natureza que, com o consumo contínuo, restauram sempre os dois elementos exatamente na mesma proporção (21,79); do mesmo modo o calor dentro de limites estritamente determinados; uma pequena mudança em ambos e o mundo animal agora existente não seria capaz de viver. Que seriam de todos os olhos sem a luz?, sim, existe uma relação determinada entre a intensidade da luz e a estimulação de cada retina: se esta fosse mais estimulável, então não poderia ver, por causa do brilho excessivo: se fosse menos estimulável, então o mundo lhe seria eclipsado: — porém ainda mais admirável é que o olho é um aparelho óptico composto, calculado de acordo com o grau de refração da luz, ou este de acordo com aquele. *Illustratio*. A distribui-

Metafísica da natureza

ção de calor, as mudanças do dia e da noite e das estações do ano, tudo isso depende de uma circunstância completamente exterior e distante, a rotação e a inclinação da eclíptica em um ângulo determinado de cerca de 24 graus. Ademais, o mundo dos vegetais é a condição geral do mundo animal, é a base de sua alimentação: o que seria de nós sem os tipos de cereal e sem as pastagens para o gado? Cada animal acha em sua cercania os vegetais que lhe são adequados: a maioria dos animais vive de outros animais e os encontra em sua cercania, bem como estão dotados de meios para caçá-los ou dominá-los. Por outro lado, cada animal é também protegido de algum modo através de armas contra seu predador natural, tais como armadura, rapidez, armadilha, dentes de elefante, chifres; carapaças do tatu que o encerram, placas que se abrem; tartaruga; porco-espinho, ouriço terrestre: pés rápidos; cor da moradia; tinta da sépia; rãs de árvore: pulgas saltam! Também pertence à finalidade externa a distribuição de continentes e mares, de correntes d'água e nascentes. Casos bastantes notáveis são a madeira à deriva nas regiões polares;[105] a própria aurora boreal: rena, leão-marinho. A dissipação do calor no equador por dias sempre curtos, e grandes massas d'água:

---

105 A edição da *Metafísica da natureza* de Daniel Schubb (Hamburg: Meiner, 2019) traz a seguinte marginália de Schopenhauer: "A madeira à deriva que chega anualmente às costas da Irlanda, Escócia, Noruega, Groenlândia, Nova Zembla, Spitzberg, são troncos de florestas ancestrais que os caudalosos rios da América do Norte jogam no mar, e depois as correntes tropicais do oceano, que primeiro vão da Índia Oriental para o México (conduzindo frutos dacolá para cá) e depois se deslocam do Golfo do México para o norte como uma corrente aquecida com especial movimento, trazem para esses países mencionados. Mas de onde vem a madeira à deriva da costa norte da Rússia asiática, eis algo por completo desconhecido." (N. T.)

o fato de nos países onde quase não chove os rios transbordarem anualmente e fertilizarem a terra, que de outra forma seria completamente estéril através da seca extrema: o Nilo; o Eufrates. Mas é fácil ir demasiado longe na procura de tais teleologias exteriores: os Apeninos como reservatório dos comerciantes de sorvete na Itália. Por isso, diz Voltaire: "O nariz foi moldado da maneira a mais perfeitamente finalística para nele se colocar os óculos".

Toda essa finalidade externa encontra seu esclarecimento geral na elucidação recém-fornecida, na medida em que o mundo inteiro, com todas as suas aparências, é a objetidade de uma vontade indivisa, objetidade esta que é a Ideia, que está para todas as outras como a harmonia está para as vozes isoladas: por isso aquela unidade da vontade tem de mostrar a si mesma também na concordância entre si de todas as suas aparências. A propósito: dessa unidade da essência íntima de toda a natureza, ou seja, do fato de ser uma vontade que se objetiva em todas as suas tão diversas figuras, temos também de apreender isto, que cada animal assim que nasce de imediato compreende por completo seu entorno, não fica canhestro e zonzo em um mundo que lhe é estranho, mas entra em cena como se estivesse em sua própria casa e de imediato sabe qual sua pertença e o que tem de fazer, mesmo que não receba instruções de seus pais. Por exemplo, os pequenos crocodilos, também as pequenas tartarugas, são chocados no ovo pelo sol: ao saírem, de imediato descem à água para procurar sua comida; não lhes ocorre voltar para a terra firme para ver se aí conseguiriam encontrar satisfação para as suas necessidades. — De uma larva que vive como verme na água emerge por metamorfose um inseto alado: de imediato ele sabe que elemento e que modo

Metafísica da natureza

de vida é adequado ao seu novo estado: assim que faz a última descama, fica parado apenas por alguns instantes, até que seus membros estejam secos e assim firmes: depois lança-se com total confiança para o nunca experimentado elemento do ar. — Com a aproximação do inverno, as aves migratórias sabem das regiões unicamente onde elas agora podem viver. Por outro lado, as rãs, os sapos, as tartarugas, os vermes, as lagartas e as marmotas sabem que agora têm de ir para debaixo do solo com vistas a hibernar. Queremos no entanto elevar essa intelecção a uma distinção mais apurada, olhando mais de perto as aparências daquela finalidade externa, e a concordância das diversas partes da natureza entre si: essa elucidação lançará ainda mais luz sobre a elucidação precedente. Devemos abrir-lhe o caminho por uma analogia.

Ora, como sabemos, o caráter de cada ser humano isolado é individual e não está totalmente contido na espécie; se é assim, então ele pode ser visto como uma Ideia particular correspondendo a um ato próprio e originário de objetivação da vontade. Esse ato mesmo seria seu caráter inteligível; enquanto seu caráter empírico seria a aparência dele. Esse caráter empírico é absolutamente determinado pelo caráter inteligível, o qual é sem fundamento, ou seja, é Vontade como coisa em si não submetida ao princípio de razão (forma da aparência). O caráter empírico tem de fornecer em um decurso de vida a efígie do caráter inteligível e não pode tomar outra direção a não ser a que este exige. No entanto, semelhante determinação estende-se apenas ao essencial, não ao inessencial do decurso de vida que assim aparece. A esse inessencial pertencem a determinação detalhada dos eventos e das ações, que são o estofo no qual o caráter empírico se mostra. Tais eventos e ações são determinados por circunstâncias exteriores que fornecem os motivos aos quais o caráter reage em conformidade com sua natureza; e, como os motivos podem ser bem diversos, a figura exterior na qual aparece o caráter empírico, portanto a precisa figura fática ou histórica do decurso de vida, tem de guiar-se segundo o influxo desses motivos. Figura essa que pode aparecer de modo bem diferente, embora o essencial dessa aparência, seu conteúdo, permaneça o mesmo. Assim, por exemplo, a característica empírica ou o valor relativo dos objetos, que se tornam motivos, é inessencial: é inessencial se se joga para ganhar nozes ou moedas: porém, se nesse jogo alguém é honesto ou trapaceiro, eis aí o essencial: no primeiro caso (nozes ou moedas), a determinação se dá pelo influxo exterior, no segundo (honesto ou trapaceiro), pelo caráter inteligível. Contudo, por mais diversamente configurado que seja o influxo exterior; no entanto o caráter empírico, exprimindo-se no decurso de uma vida e não importando como conduza a si, tem de expor exatamente o caráter inteligível, na medida em que este adapta sua objetivação ao estofo previamente dado das circunstâncias fáticas.

Temos então de reconhecer algo análogo a esse influxo das circunstâncias exteriores, sobre o decurso de vida – que no essencial é determinado pelo caráter –, ao querermos pensar como a vontade, nos atos originários de sua objetivação, determina as diversas Ideias nas quais ela se objetiva, ou seja, determina as diversas figuras dos seres naturais de todas as espécies, nas quais distribui sua objetivação, e que por isso necessariamente têm de ter uma relação entre si na aparência. Temos de admitir que, entre todas essas aparências da vontade *una*, estabeleceu-se universalmente uma adaptação e acomodação recíprocas: nisso, porém, como logo veremos, deve-se do modo mais claro excluir toda determinação temporal, pois a Ideia encontra-se exterior ao tempo. Quem apreender o exposto, pode pensar como cada aparência teve de adaptar-se ao ambiente no qual emergiu, e este, por seu turno, teve de adaptar-se a ela, embora cada aparência ocupe muito mais tardiamente que este, *no tempo*, uma posição. Em conformidade com isso, cada planta adapta-se ao seu solo e à sua atmosfera, cada animal adapta-se ao seu ambiente natural e à presa que há de tornar-se seu alimento: garras, dentes, — também cada animal é de algum modo protegido contra seu predador natural; o olho adapta-se à luz; os pulmões e o sangue adaptam-se ao ar; guelras, barbatanas, cauda e bexiga natatória adaptam-se à água; os ossos ocos das aves ao planeio no céu; os olhos da foca à mudança de seu *medium*; e assim por diante, até as formas mais especiais e admiráveis de finalidade externa. Entretanto, a consideração desse adaptar-se das Ideias, isto é, das formas originárias entre si, tem de ser abstraída de todas as relações temporais: pois estas aplicam-se apenas às aparências, aos indivíduos, não à Ideia mesma. Aqui se trata da adaptação das Ideias entre si: se estiverem na relação conveniente, assim também sempre permanecerão os indivíduos, independentemente da sequência temporal em que entrem em cena. A Ideia reside exterior ao tempo. Nesse sentido, a explanação dada também tem de ser usada retrospectivamente, e devemos não apenas assumir que cada espécie se adapta às circunstâncias encontradas previamente; mas também que estas, apesar de precederem as espécies no tempo, têm igualmente em conta os seres que ainda estão por vir. Pois se trata de uma única e mesma vontade que se objetiva no mundo inteiro: ela mesma não conhece tempo algum: visto que o tempo, como figura do princípio de razão, não lhe pertence, nem à sua objetidade originária, as Ideias; mas só à maneira como estas são conhecidas pelos indivíduos – eles mesmos temporais e transitórios –; isto é, à *aparência* das Ideias. Por conseguinte, tendo em mente nossa presente consideração sobre o modo como a objetivação da vontade se distribui em Ideias, a sequência temporal é totalmente sem significação e as Ideias cujas aparências emergiram mais cedo no tempo segundo a determinação da lei de causalidade, à qual estão submetidas como aparências, não têm nenhum privilégio em face das Ideias cujas aparências emergiram mais tarde e que são, a bem dizer, justamente as objetivações mais perfeitas da vontade, e que tiveram de se adaptar às objetivações anteriores tanto quanto estas a elas. Portanto, a translação dos planetas, a inclinação da eclíptica, a rotação da Terra, a distribuição dos continentes e dos oceanos, a atmosfera, a luz, o calor e aparências semelhantes, que na natureza são aquilo que o baixo fundamental é na harmonia, acomodam-se plenos de pressentimento à geração futura de seres vivos, dos quais serão o sustentáculo mantenedor. Do mesmo modo, o solo adapta-se à alimentação das plantas, estas à alimentação dos animais, estes à alimentação dos predadores, e todos estes àquele primeiro. Todas as partes da natureza se encaixam, pois é uma vontade que aparece em todas elas, porém o curso do tempo, por outro lado, é totalmente estranho à sua única objetidade adequada e originária, as Ideias. Podemos tornar ainda mais compreensível a adaptação de aparências anteriores a aparências ulteriores, se considerarmos que, mesmo agora quando as espécies têm apenas de conservar a si mesmas e não mais desenvolver-se, vemos aqui e ali um semelhante cuidado da natureza ser estendido ao futuro e como que abstraído do curso do tempo, isto é, vemos

Metafísica da natureza

um autoacomodar-se do que já existe àquilo que ainda há de vir. Assim, o pássaro constrói o ninho para as suas crias que ele ainda não conhece: o castor ergue uma casa cujo fim lhe é desconhecido; alguns escaravelhos que hibernam debaixo da terra, abelha, hamster, reúnem provisão para o inverno que lhes é desconhecido; a aranha e a formiga-leão preparam como que por ponderada astúcia armadilhas para a futura presa incógnita; os insetos põem seus ovos lá onde a futura larva encontrará futuro alimento. Alguns insetos carregam para os ovos postos o alimento que será apropriado para as crias procumbentes. – A flor masculina da dioecious (διοικος) vallisneria etc.; – o escaravelho vaca-loura etc.; – De maneira geral, portanto, o instinto dos animais nos fornece o melhor esclarecimento para a teleologia em geral da natureza. Pois assim como o instinto é um agir conforme um conceito de fim no entanto completamente desprovido dele; assim também todas as figurações na natureza assemelham-se a algo feito conforme um conceito de fim e no entanto completamente desprovidos dele. Em realidade, tanto na teleologia externa quanto na interna da natureza, o que temos de pensar como meio e fim é em toda parte apenas o *aparecimento da unidade da vontade em concordância consigo mesma* que surgiu *no espaço e no tempo* para o nosso modo de conhecimento.

No entanto, a adaptação e a acomodação recíproca das aparências surgidas dessa unidade não podem anular o conflito intrínseco anteriormente exposto, o qual aparece na luta geral da natureza e é essencial à vontade. Pois a harmonia existe apenas entre as Ideias, não entre os indivíduos: e tal harmonia também deve ser pensada exterior ao tempo. Pois se, em virtude dessa harmonia e dessa acomodação, as *espécies* no reino orgânico, e as *forças universais* da natureza no reino inorgânico, conservam-se lado a lado e até se apoiam reciprocamente; por outro lado, aquilo mesmo que assegura a existência de todas as espécies é o caminho para o extermínio de muitos indivíduos: pois uma espécie crava os dentes em outra. O conflito interno da vontade que se objetiva por meio de todas aquelas Ideias mostra-se em uma guerra interminável de extermínio dos *indivíduos* de cada espécie, e na luta contínua das *aparências isoladas* das forças da natureza entre si, como abordamos antes. O cenário, e o objeto, dessa batalha é a matéria, que eles se empenham por arrebatar uns dos outros, logo, o espaço e o tempo, cuja união, pela forma da causalidade, é propriamente a matéria.

15
Elucidações finais

Chego agora propriamente dizendo ao fim da segunda parte capital de minhas preleções. Nela expus o que acredito poder afirmar sobre a essência íntima das coisas, sobre aquilo que reside para além da natureza. Isso é justamente metafísica. É claro que as opiniões de nossa época são diferentes. O que era a metafísica antes de Kant, eu descrevi no início: o próprio Kant considerava toda metafísica – no sentido de que ela é o conhecimento da essência em si cuja aparência é a natureza, logo, no sentido de que vai mais além da natureza e da experiência – como impossível. A partir daí, temos dois tipos de opinião dos filósofos atuais: uns aceitam a impossibilidade diagnosticada por Kant de uma metafísica na medida em que esta possa ter objetos de conhecimento: outros constroem uma metafísica com base na fé, na premonição, no sentimento, metafísica esta que é praticamente a mesma que imperava *antes* de Kant, apenas expressa de forma diferente. E há filósofos que seguem os passos de Schelling, a saber, afirmam ter uma espécie de sexto sentido, uma intuição do absoluto, e assim narram longas histórias que supostamente decifrariam a existência do mundo;

mas cada um narra a sua própria história: e Schelling mudou a sua a partir do fundamento por três vezes. Com toda a sinceridade, isso não passa de uma imposição aos fracos, e troças jogadas ao vento. Eu segui por um caminho próprio. Espero ter conseguido mostrar de modo distinto e certo que este mundo no qual vivemos e existimos é, de um lado, segundo toda a sua natureza, absolutamente aquilo que em nós mesmos conhecemos como vontade e, por outro lado, ao mesmo tempo, absolutamente representação; que essa representação enquanto tal já pressupõe uma forma, a saber, objeto e sujeito, portanto é relativa; que a forma da representação, por sua vez, está submetida a outras cuja expressão comum é o princípio de razão: e que, se perguntarmos o que resta após a supressão de todas essas formas: a resposta é que esse algo outro como *toto genere* diferente da representação nada é senão vontade, a qual neste sentido é propriamente dizendo a coisa em si. Cada um encontra a si mesmo como essa vontade, na qual reside a essência íntima do mundo, e cada um também encontra a si mesmo como sujeito que conhece, do qual o mundo inteiro é representação, mundo que só tem existência em relação à sua consciência como seu sustentáculo. Portanto, cada um, nessa dupla acepção, é o mundo inteiro mesmo, é o microcosmo, encontra as duas partes do mundo completa e plenamente em si mesmo. E aquilo que assim conhece como sendo o próprio ser, esgota em verdade a essência do mundo inteiro, do macrocosmo: pois cada um sem exceção é absolutamente vontade e absolutamente representação, e nada mais.

A filosofia de Tales considerava o macrocosmo; a de Sócrates, o microcosmo: as duas coincidem com a nossa, visto que se prova que o objeto de ambas é o mesmo.

Metafísica da natureza

Mas, quem me ouve, reconhecerá tudo o que foi antes dito com ainda mais distinção e mais certeza, ao acrescentar ao exposto as minhas considerações sobre estética e ética; através das quais, espero, muitas das perguntas que aqui emergiram distinta ou indistintamente receberão sua resposta.

Entrementes, *uma* de tais questões eu quero de imediato abordar, pois só pode surgir no caso de ainda não se ter apreendido a exposição feita até agora; e com isso essa discussão é subsidiariamente uma elucidação a mais do todo de nossa exposição. — A seguinte questão poderia ser levantada: cada vontade é vontade e alguma coisa, tem um objeto, um alvo de seu querer: contudo, o que a vontade quer em última instância ou, pelo que se empenha a vontade que se expõe para nós como a essência íntima do mundo?

Ora, só pode colocar essa questão quem ainda não separou distintamente a coisa em si da aparência. Só à aparência, não à coisa em si, estende-se o princípio de razão — no qual reside todo *Por quê, Para quê, De onde* — do qual a lei de motivação é também uma figura. Em toda parte podemos fornecer um fundamento apenas das aparências mesmas, das coisas particulares, nunca da vontade mesma, nem de uma Ideia, que é sua objetidade adequada. Nesse sentido, para cada movimento isolado ou, em geral, para cada mudança na natureza, deve-se procurar uma causa, isto é, um estado que os produziu necessariamente; mas nunca uma causa da força natural mesma que se manifesta naquela e em inumeráveis aparências semelhantes (por isso é falta de clarividência, sim, de entendimento se nos escritos de Schelling por vezes se pergunta: qual a causa da gravidade, da eletricidade? Só se tivesse sido provado que a gravidade ou a eletricidade não são propriamente forças naturais originárias mas simples modos de aparição de uma força mais universal já conhecida é que alguém poderia perguntar pela causa que aqui permite a essa força natural produzir a aparência da gravidade e da eletricidade. Tudo isso foi anteriormente objeto de considerações). Igualmente, cada ato isolado da vontade de um indivíduo que conhece (e que enquanto tal é apenas aparência da Vontade como coisa em si) possui necessariamente um motivo sem o qual o ato nunca entraria em cena. Mas assim como a causa meramente determina que neste tempo, neste lugar, nesta matéria, uma exteriorização desta ou daquela força natural tem de entrar em cena: assim também o motivo determina neste tempo, neste lugar, sob tais circunstâncias, apenas o ato completamente particular da vontade de um ser que conhece; de modo algum, porém, determina o que tal ser quer em geral e de que maneira: tal ser é exteriorização do próprio cáracter inteligível que, como a vontade mesma, a coisa em si, é sem fundamento, ou seja, exterior ao domínio do princípio de razão. Por conseguinte, cada ser humano sempre tem fins e motivos segundo os quais conduz seu agir e sabe a todo momento fornecer justificativas sobre seus atos particulares: no entanto, caso se lhe pergunte por que em geral quer, ou por que em geral quer existir; então não daria resposta alguma mas, antes, a pergunta lhe pareceria absurda: propriamente aí se exprime a consciência de que ele nada é senão vontade, cuja volição é em geral evidente por si mesma, e apenas em seus atos isolados em cada ponto do tempo é que precisa de uma determinação mais específica através de motivos.

De fato, a ausência de todo alvo e de todo limite pertence à essência da vontade em si, que é um esforço sem fim. Tal assunto já foi antes abordado quando mencionamos a força centrífuga. Isso também se manifesta da maneira mais simples

Metafísica da natureza

no grau mais elementar de objetidade da vontade, ou seja, na gravidade: cujo esforço contínuo, perante a manifesta impossibilidade de um alvo final, salta aos olhos. Pois mesmo se toda matéria que existe no universo, de acordo com seu esforço ou sua vontade, fosse concentrada em um bloco: ainda assim no interior dele a gravidade esforçar-se-ia para o centro e lutaria continuamente contra a impenetrabilidade, esta podendo mostrar-se como rigidez ou elasticidade. Consequentemente, o esforço da matéria pode apenas ser travado, jamais finalizado ou satisfeito. O mesmo verifica-se em relação a todos os esforços de todas as aparências da natureza. Cada fim alcançado é por sua vez início de um novo decurso e assim ao infinito. A *planta* faz crescer sua aparência desde a semente, passando pelo talo e pelas folhas, até o fruto: este, por sua vez, é apenas o início de uma nova semente, de um novo indivíduo, que percorrerá mais uma vez o antigo decurso, e assim por um tempo infinito. – Da mesma forma é o decurso de vida do animal: o ápice do mesmo é a procriação, após cujo alcançamento a vida do indivíduo decai mais rápida ou mais lentamente: enquanto um novo indivíduo repete a mesma aparência garantindo à natureza a conservação da espécie.

Também se deve considerar a constante renovação da matéria de cada organismo como simples aparência desse ímpeto e dessa mudança: não se trata de substituição do que foi usado: o desgaste possível não se compara ao influxo contínuo através da nutrição: mas se trata aí da aparência do eterno vir a ser, do fluxo sem fim, pertencentes à manifestação da vontade. O mesmo também se mostra, por fim, nos graus mais elevados de objetivação da vontade, a saber, nas aspirações e nos desejos humanos, cuja satisfação sempre nos acena como o alvo último do querer: porém, assim que são alcançados não mais se parecem os mesmos e, portanto, logo são esquecidos, tornam-se caducos e, propriamente dizendo, embora não se admita, são sempre postos de lado como ilusões desfeitas. Suficientemente feliz é quem ainda tem algo a desejar pelo que se empenha, pois assim o jogo da passagem contínua entre o desejo e a satisfação e entre esta e um novo desejo – cujo transcurso quando é rápido se chama felicidade, e quando é lento se chama sofrimento – é mantido: mas se o jogo é completamente interrompido, então nasce o tédio terrível, paralisante, apatia cinza, sem objeto definido, *languor* mortífero.

Em conformidade com tudo isso, onde o conhecimento a acompanha, a ilumina, a vontade sempre sabe o que quer aqui e agora, mas nunca o que quer em geral. Todo ato isolado do querer tem um fim, mas o querer em seu todo, não: é exatamente assim em qualquer aparência isolada da natureza que, ao entrar em cena neste lugar, neste tempo, é determinada por uma causa, todavia a força que se manifesta em geral na aparência não tem causa alguma; pois tal força é um grau de aparecimento da coisa em si, da vontade sem fundamento.

O único conhecimento de si da vontade, no todo, é, no entanto, a representação em sua totalidade, logo, o inteiro mundo intuitivo. Este é a objetidade, a manifestação, o espelho da vontade. Nesse novo aspecto é que agora vamos considerar o mundo[106] e notar que esse modo de consideração é o mesmo a partir do qual se inicia a arte.

---

106 Cf. minha tradução das preleções de Berlim de Schopenhauer sobre a *Metafísica do belo*, São Paulo: Ed. Unesp. (N. T.)

Metafísica da natureza

Vemos aqui, portanto, como a questão *Para quê?* não vale para a Vontade como coisa em si: por conseguinte, o princípio de razão como lei de *motivação* não encontra aqui aplicação alguma. – Na conclusão do conjunto inteiro de nossa consideração, veremos que igualmente a questão *De onde?* não pode ter aqui significação nem aplicação alguma; logo, o princípio de razão como lei de *causalidade*.

Índice de assuntos

A

ação do corpo 8, 39-40, 43, 60, 67-8, 105-8n

acaso 20, 62n, 67, 161, 174, 196

anatomia 28, 182, 195, 219-20

animal 8, 30-1, 56, 69-75, 82, 93, 96-7, 109-11n, 113-8, 121-2, 134, 138, 141-2, 146, 153, 156-8, 180, 182, 184, 186-7, 189-90, 193, 195-9, 204-5, 208-10, 212-5, 218-22, 225, 233

aparência da vontade 52, 64, 66-70, 89, 93-126, 156, 166, 176, 187, 214, 232

aritmética 138-9

assimilação por dominação 187-90

atividade da vontade 104-5, 193-4

ato da vontade 8, 39-44, 60n, 69, 85, 213

átomo 135-6, 138, 155, 179

B

belo 7, 17, 23-4, 149n, 151, 204n, 234n

C

caráter empírico 60-7, 90, 212-4, 223-4

caráter inteligível 60-8, 213-4, 223-4, 232

casual 67, 181, 187

causa ocasional 169, 171-2

causa, estímulo, motivo 38, 112

causalidade 8-9, 10, 12, 29, 31-2, 39-43, 46, 47-8, 53, 88, 112, 127, 128-30, 139-40, 144, 160, 162-5, 166, 167-8, 169-70, 185-6, 189, 197, 211, 214, 215, 226, 228, 235

consciência 9, 22n, 24, 39-40, 48, 51, 53, 55, 57, 60, 62, 77, 84-5, 89, 99, 105-8n, 109-11n, 112, 127, 144-5, 156, 198, 199-200, 205, 230, 232

corpo animal 8, 69-70, 114

D

dissimulação 125, 157

E

entendimento 8, 11, 22-3n, 39-40, 40-3n, 44-5, 51-7, 128-9, 164, 199, 211, 216, 231

espécies da natureza 10, 11

estofo 7, 11, 20, 22, 161, 166, 208-9, 223, 224

etiologia 27, 28-30, 31-2n, 32, 130-1, 138-45, 155, 166, 174-81

F

fazer-efeito 51, 53, 54-5, 131, 162, 187, 194, 210-1, 212, 216

finalidade externa 208, 220-8

finalidade interna 208-20

física 18n, 20, 26, 29, 30-1, 70-1, 131, 137, 138, 155, 174-9, 188, 192, 205

fisiognomia 70-1, 156-7

fisiologia 27, 29-31, 68-9, 105-9, 109-11n, 195, 219-20

força natural 30, 79, 126, 154-5, 160, 162, 163, 165-8, 172, 177, 212, 216, 231-2

forças naturais 31, 126, 130, 138, 154, 161-2, 165, 180-1, 188, 212, 231-2

G

genitais 70, 184

geologia 28

geometria 138-9

grau de objetivação da vontade 10, 134, 151, 160, 181, 189, 196-7

I

Ideia 10-1, 19, 149, 150-1, 158-60, 160-1, 162-4, 166, 180-1, 182-3, 185-8, 189-92, 196, 203-4, 207, 211-6, 222, 223, 224-8, 231

identidade do corpo com a vontade 37-49, 59-75

ímpeto cego 9, 192, 197

impulso cego 101, 105-18

impulso industrioso 74, 94-100, 194-5, 199, 200

impulso sexual 70, 157

inconsciência 9

inconsciente 9, 109-11n, 111, 200

individuação 155-60

indivíduo 10, 11, 27, 37-9, 52-4, 64, 70-1, 84, 89, 125-6, 146-7, 149, 151, 157-60, 173, 194, 196-7, 200-2, 203, 208, 211, 213, 225-8, 232-3

instinto 94-5, 97-8, 113, 157, 200, 210, 227

intuição do entendimento 39, 40-3n, 51-7

L

Lei de causalidade 29, 31-2, 40-3n, 46, 47-8, 53, 144, 163-4, 165, 166, 167-8, 214, 226, 235

Lei natural 30-1, 38, 137, 160-1, 163, 178, 216

Lei de motivação 47-8, 65-7, 144, 231, 235

luta 71, 73-4, 186-7, 189-92, 203, 227-8

M

macrocosmo 65n, 230

manifestação da vontade 11, 163, 233

matéria 11, 18-9, 20, 27, 28-9, 31, 40-3n, 78, 120, 128-9, 133, 135-6, 154, 163-7, 181, 185-6,

Metafísica da natureza

187-8, 189, 191-2, 193-4, 203, 210, 228, 232-3

mecânica 29, 30-1, 121, 131, 135, 138, 165, 176, 179

metafísica 7, 8, 9, 11, 12, 17-24, 25-36, 48n, 79, 81, 84, 90, 109n, 119-20n, 120-1, 137-8, 144, 145, 153, 174-5, 177, 178-9, 229

microcosmo 62n, 65n, 230

mineralogia 27-8

morfologia 27-9, 131, 178

música 204-5

N

necessidade exterior 205

necessidade interior 205

O

objetidade 8, 44-5, 49, 68, 70, 79, 87, 145-6, 155-6, 159, 176, 180-1, 182, 184, 185, 188, 192, 196, 203-4, 211, 212-3, 215-6, 222, 225-6, 231, 232-3, 234

objetivação da vontade 10, 74, 134, 149-51, 153-202, 203, 205, 223, 226, 233-4

P

pedra 30-1, 56, 57, 78, 115, 117, 141, 144-6, 154, 161, 172, 176-7, 216

planta 29, 78, 82, 105-18, 119-20, 121-2, 125, 146, 158-9, 167, 186-8, 190, 193-6, 205, 208-9, 212, 225-6, 233

pluralidade 10, 19, 87-8, 128-9, 145-7, 151, 160, 162-3, 167-8, 197, 203, 211, 215-6

polaridade 183-5

princípio de razão 10, 11-3, 22-3n, 32n, 33-6, 40-3n, 47, 65-6, 87-9, 114, 128-32, 138-44, 145, 154-5, 165-7, 171-2, 176, 215, 223, 225-6, 230-2, 235

procriação 27, 98-9, 178, 233

psicologia 9, 20-1, 150

puro sujeito 37-8

Q

qualitas oculta 110-1, 155, 177

química 29, 30-1, 105-8n, 121, 122-3, 131, 138, 141-2, 154, 161, 167, 172-3, 179-81, 183, 185-8, 189-92

R

realismo 33-4

S

sem fundamento 65-6, 68-9, 87-91, 130, 141-2, 154-5, 166, 171-3, 223, 232, 234

T

teleologia 207-28

teologia 19-20, 21, 150

V

vontade cega 9, 74, 105, 194-5

Vontade como coisa em si 12, 53, 61, 65n, 66-7, 87-91, 126, 162, 169, 180, 193, 207, 223, 232, 235

Vontade de vida 8, 11, 65n, 118, 119-20n, 121-2, 190

SOBRE O LIVRO

Formato: 13,7 x 21 cm
Mancha: 23 x 44 paicas
Tipologia: Venetian 301 12,5/16
Papel: Off-white 80 g/m² (miolo)
Cartão Supremo 250 g/m² (capa)
1ª edição Editora Unesp: 2023

EQUIPE DE REALIZAÇÃO

Edição de texto
Silvia Massimini Felix (Copidesque)
Marcelo Porto (Revisão)

Capa
Vicente Pimenta

Editoração eletrônica
Eduardo Seiji Seki

Assistência editorial
Alberto Bononi
Gabriel Joppert

Rua Xavier Curado, 388 • Ipiranga - SP • 04210 100
Tel.: (11) 2063 7000 • Fax: (11) 2061 8709
rettec@rettec.com.br • www.rettec.com.br